朝の道しるべ

聖句断想366日

小島誠志

教文館
KYOBUNKWAN

1月

January

1月1日

言《ことば》

初めに言があった。

ヨハネによる福音書一章一節

世界の「初め」に――根源に言(理性、道理、真理)が存在しています。無意味に、あいまいに、あやふやに存在しているものは何ひとつありません。

どんな出来事も、この言から生み出されていることを忘れてはなりません。神の思いの込められた言という土台の上に、世界のひとつひとつは築かれているのです。

新しいこと

見よ、新しいことをわたしは行う。
イザヤ書四三章一九節

えんえんと同じことを繰り返す。これが人間のいとなみだ、とコヘレト(知者)は嘆きました。新年を迎えるたびにそう思います。新年の気分も数日の間によどみ、元のもくあみ。

しかし注意しなければなりません。神の御わざは繰り返しではないのです。創造の神は、御わざをたゆみなく前に向かって行われます。日々展開される神の御わざに向けて、わたしたちも前方に身を伸ばしつつ歩むのです。

光

神は言われた。
「光あれ」。
こうして光があった。

創世記一章三節

音楽には主旋律があります。主旋律があって装飾音がさまざまにからまってきます。それは主旋律をより明確にきわ立たせるためであります。終わりまで聴く人に主旋律は深められます。

神の造られた世界の主旋律は「光」です。光の大きさ、深さ、高さを知るために、人はこの人生において、さまざまなことを経験させていただくのです。

行く手

その方〔主〕がお前の行く手に御使いを遣わして……くださる。

創世記二四章七節

人は行く手を心配します。行く手に何が待っているかわからないからであります。

しかし、神はその行く手にあらかじめ御使いを送ってくださる、というのであります。しっかり歩けるように。

わたしたちにとって初めての道であるとしても、御使いが整えてくださっている道であります。

後ろを振り返るな

命がけで逃れよ。後ろを振り返ってはいけない。

創世記一九章一七節

神は前に向かってわたしたちを導かれます。命の祝福は前方にあるからです。

わたしたちの過去には失敗があり、あやまちがあり、罪がある――だれが振り返らないで生きていけるでしょうか。

しかし、わたしたちの清算できない過去を神は焼き尽くしてくださったのです。自らが苦しみ、十字架に血を流されることによって。

そのことを知って真に悔い改めた者は前方に向かうのです。

神の朝に向かって

光を昼と呼び、闇を夜と呼ばれた。夕べがあり、朝があった。第一の日である。

創世記一章五節

朝があり昼があって夕がある。それが一日という時間だとわたしたちは思っています。それがそのまま人生という時間であると。日が暮れるように人生の終わりがあるのだと。

しかし、神はそのように「時」をつくられませんでした。「夕べがあり、朝があった」。これが神の「時」のつくり方であります。夕べから夜を貫いて生きてゆかなければならないけれど、すべては朝に向かうのでありす。どんな出来事も朝に向かって展開します。わたしたちの人生のすべてもひたすら神の朝に向かっているのであります。

くじけてはなりません。

1月7日

新しい天と地

わたしの造る新しい天と新しい地が
　わたしの前に永く続くように
あなたたちの子孫とあなたたちの名も永く続くと
主は言われる。
イザヤ書六六章二二節

神はこの滅びゆく天と地を新たに創造し、永遠なるものとされます。同様に、ご自身の民を新しい天と地に生きるにふさわしい者として造り変えてくださいます。天地はそこに生きる存在があってこそ意味があるからです。

この地上の生活を通して、神はわたしたちを新しい天と地に向けて造り続けていてくださるのです。

言によって

万物は言によって成った。成ったもので、言によらずに成ったものは何一つなかった。

ヨハネによる福音書一章三節

「言」はギリシア語でロゴス。ロゴスには二重の意味があります。言葉と真理。言葉は真理と結びついています。

神の言葉によって造られた天地のひとつひとつには、神の真理が込められています。わたしたちの目にどう見えようとも、この世界は決して無意味ではなく、計りがたい意味が込められているのです。

生きるに値するのです。

光は闇の中に

光はやみの中に輝いている。そして、やみはこれに勝たなかった。

ヨハネによる福音書一章五節（口語訳）

深い闇の中にわたしたちは立っています。しかし、闇がすべてを覆い尽くしているわけではありません。信仰は闇の中に一筋の光を見出しながら前進します。闇のただ中に、日々示される光の道を辿りながら、命に至ります。

闇の中に命に至る道が貫いているなら、既に闇は闇の力を失っているのです。

世は言によって成った

言は世にあった。世は言によって成ったが、世は言を認めなかった。

ヨハネによる福音書一章一〇節

神の子が肉となって世に来られたこと、十字架にかかられたこと、復活されたこと——そのすべてを通して創造のわざが行われたのです。初めに神が天地を創造されたように、人の罪によって失われた世を、神は再び「言」によって新しく創造されたのです。

「世」はそのことにまだ気づいていませんが。

1月11日

言は肉となって

言は肉となって、わたしたちの間に宿られた。わたしたちはその栄光を見た。
ヨハネによる福音書一章一四節

人間の目は神の栄光に耐えることができません。神の光に照らされたとき、羊飼いは恐れました（ルカによる福音書二章九節）。預言者イザヤは、神を見たから死ぬと言いました（イザヤ書六章五節）。

罪の人間にご自身の栄光を見させるために、神の言は「肉となって」わたしたちのもとに来られました。いまや神の栄光は、人を撃つものではなく、罪人を守り、包むものとなったのです。栄光は身近な慕わしいものとなりました。

イエスの受け答え

イエスが神殿の境内で学者たちの真ん中に座り、話を聞いたり質問したりしておられるのを見つけた。聞いている人は皆、イエスの賢い受け答えに驚いていた。

ルカによる福音書二章四六、四七節

ここには教会の生きている有様が描かれています。主イエスが真ん中に座っておられます。中心におられる主イエスと人々は問答しています。問答しながら主イエスの受け答えに驚かされるのです。そのようにして驚かされながら、繰り返し主に目を開かれながら、教会は革新されてゆくのです。

1月13日

沈黙

荒野で呼ばわる者の声がする。

マタイによる福音書三章三節

これは沈黙の中から発せられた声です。
氷点下の世界で水が固体となるように、
長い沈黙の中から強固なつぶてのような言葉が生まれます。

イエスが来られる

ヨハネは、自分の方へイエスが来られるのを見て言った。「見よ、世の罪を取り除く神の小羊だ」。 ヨハネによる福音書一章二九節

救いを証しするヨハネのもとにイエスが来られます。ヨハネは喜んで、また救い主を証しします。

証しする人のもとに主イエスは来られます。その主に励まされて、また証しする人にされるのです。信仰の証人は孤独ではありません。

悔い改め

時は満ち、神の国は近づいた。悔い改めて福音を信じなさい。

マルコによる福音書一章一五節

救い主イエスと共に「神の国は近づい」ています。では、何をしなければなりませんか。さらなる努力？　身辺の整理？　生き方の革新？

いいえ、窓を開けるだけでいいのです。窓を開ければ、溢れる光の中にあなたは包まれます。神の国は、朝の光のように背後から既にわたしたちのところに来ており、わたしたちが「悔い改めて」――向きを変えて――赦しの光を受け入れることを求めています。

それだけです。

実

悔改めにふさわしい実を結べ。

マタイによる福音書三章八節（口語訳）

ただ善行をしなさい、と言っているのではありません。善行をしている自信のある人は、いくらでもいたのであります。大事なのは、そういう自信のある行為ではなく、悔い改めにふさわしい行為だというのであります。

神の前に打ち砕かれたところから始まる行為こそが、神の国を証しする行為なのであります。

1月17日

心の貧しさ

心の貧しい人々は、幸いである、
天の国はその人たちのものである。

マタイによる福音書五章三節

人間の心は自足するものではありません。心を強くして難関を乗り切るとか、何事にも揺るがない心をもつとか、それはできないことであります。心は本来神を呼ばないではいられない貧しさをもっているのです。その貧しさにおいて神を呼び求めつつ、人は天の国に生き始めるのです。

悲しみは

悲しんでいる人たちは、さいわいである、
彼らは慰められるであろう。

マタイによる福音書五章四節（口語訳）

苦しみの意味がわからない——ということが悲しみであります。そんなものをいっぱい抱えて人は生きています。

しかし、春になって雪がとけるように、それがなんであったかはっきりわかる時が来ます。

そのとき、悲しみの深さはそっくり慰めの大きさになるのであります。

神の義によって

義に飢え渇く人々は、幸いである、
その人たちは満たされる。

マタイによる福音書五章六節

義を求めつつ、義となれない自分を発見します。義でなければ神の前に立つことはできません。越えられない深淵がそこにあります。この深淵を神の側から越えて来てくださいました。「神の義は、その福音の中に啓示され」（ローマ人への手紙一章一七節〔口語訳〕）。飢え渇く私たちのために、屹然《きつぜん》と十字架は立っています。人は自分の義によってではなく「神の義」によって生かされるのです。

地の塩

あなたがたは地の塩である。　　　　マタイによる福音書五章一三節

塩は腐敗を防ぐ働きをします。多量である必要はありません。少量の塩が効くのです。

キリストは弟子たちに、多数でないから何もできない、と考えてはいけないと言われたのです。神を信じて、流れに迎合しない少数者が、塩としての役割を果たすことができるのです。

1月21日

途中で和解を

あなたを訴える人と一緒に道を行く場合、途中で早く和解しなさい。
マタイによる福音書五章二五節

訴えられる自分にも非はありますが、相手にだって必ず非はあるのです。争おうと思えばどこまでも争うことはできます。

しかし、そうすれば互いを徹底的に追い詰めるところまで行くしかありません。

「和解」——赦し合う中にだけ、人が共に生きられる道はあるのです。

左の頬をも

だれかがあなたの右の頬を打つなら、左の頬をも向けなさい。

マタイによる福音書五章三九節

左の頬をも向けなさい、とは強い言葉です。右の頬を打たれたままにするな、ということであります。

人に打たれる、苦しめられる、意地悪される――生きていればつらい目にも遭うのです。だからといって受け身で生きてはならないのです。受け身で辛抱しているだけでは――何も生み出すことはできません。自分の方から、相手に向けて踏み込んでゆくのです。

それが「左の頬をも向ける」ということであります。

敵を愛しなさい

敵を愛し、自分を迫害する者のために祈りなさい。

マタイによる福音書五章四四節

人はだれも敵に育てられる部分を持っていることを忘れてはなりません。人は敵する者に向き合って、撃たれ、傷つき、痛み、精神の深い部分から変えられる経験をします。

敵を受け入れない堅い防御の中から人の停滞と堕落は始まります。

悪人と善人

父は悪人にも善人にも太陽を昇らせ、正しい者にも正しくない者にも雨を降らせてくださる……。

マタイによる福音書五章四五節

善人と悪人、正しい人とそうでない人、役立つ人と役立たない人、敵と味方――わたしたちは人間をさまざまに区分けし、選別しながら生きています。気にいる人はこっち側、気にいらない人はあっち側。気がつけばこっち側にいる仲間のなんと少ないことでしょう。

神はすべての者を受け入れて、これを育んでいてくださいます。受け入れる苦痛を担いながら。その大きな愛なしにだれが育つことができるでしょうか。

1月25日

義

自分の義を、見られるために人の前で行わないように、注意しなさい。

マタイによる福音書六章一節（口語訳）

義とは正しい行為であります。それを人の前で行ってはならない、というのではありません。「見られるために」行ってはならない、というのです。

そもそも人の評価を求めるための行為は、正しい行為にはならないのです。神にささげられる行為が正しい行為なのであります。人の評価がどうであろうと。

父よ

こう祈りなさい。
「天におられるわたしたちの父よ、……」。

マタイによる福音書六章九節

「天におられるわたしたちの父よ」と呼びかけることができるということ自体が救いであります。

わたしたちは地に生きています。困難や問題に直面して悪戦苦闘しています。しかし、このわたしたちは天に父をもっています。この父に呼びかけながら生きることがゆるされているのです。

天の父に祈るとき、何よりもわたしたちは、天の父に知られている自分を知って慰められるのです。

1月27日

断食するとき

偽善者は、断食しているのを人に見てもらおうと、顔を見苦しくする。

マタイによる福音書六章一六節

断食は祈りのひとつの形であります。苦しみや悲しみのきわまったところで人は断食して祈りに没頭しました。

誘惑はその断食の中にもある、と言うのです。「人に見てもらおうと、顔を見苦しくする」のです。人の気を引こうとするのです。自分の苦しみや悲しみを人にわかってもらいたい。同情してもらいたい。そのようにして祈りは祈りでなくなります。

祈りは神に顔を向ける行為。神に顔を向ける者に神は応えてくださるのです。

富のあるところ

あなたの富のあるところに、あなたの心もあるのだ。

マタイによる福音書六章二一節

富それ自体は、悪いものでも汚れたものでもありません。富は地上で腐らせることもできますが、「天に積む」（二〇節）こともできるのでありま す。富が天に積まれるとき、閉じられていた心は天に向けて開けるのです。富を「天に積む」ことなく、心だけ神に開かれることはありません。

野の花の美しさ

野の花がどのように育つのか、注意して見なさい。働きもせず、紡ぎもしない。しかし、言っておく。栄華を極めたソロモンでさえ、この花の一つほどにも着飾ってはいなかった。

マタイによる福音書六章二八、二九節

世界から収集したソロモンの栄華は、自分の周りを飾る美しさでありました。

野に咲く花の美しさは、精一杯自分の花を咲かせている美しさであります。

人間が美しいということは、自分の命を精一杯生きているということです。それ以外ではありません。

野の草でさえ

今日は生えていて、明日は炉に投げ込まれる野の草でさえ、神はこのように装ってくださる。まして、あなたがたにはなおさらのことではないか、……。

マタイによる福音書六章三〇節

明日は炉に投げ込まれる野の花も、今日ただいまは美しく咲いています。明日は灰になるかもしれないけれど、今日は精一杯、花を咲かせています。「生きる」ということは、与えられている今日の命を存分に生きることであります。明日のことを思い悩んで、生かされている今日をしおれてしまってはならないのです。

まして、わたしたちの命は「明日は炉に投げ込まれる」ものではありません。永遠に向かって、神の御手に導かれている命であります。

梁《はり》をのける

偽善者よ、まず自分の目から梁を取りのけるがよい。そうすれば、はっきり見えるようになって、兄弟の目からちりを取りのけることができるだろう。

マタイによる福音書七章五節（口語訳）

人のことはよく見える――つもりであります。

しかし、自分の目の中の梁を取りのけないかぎり、見えはしない、というのです。自分の梁を取りのけて、初めて正しく人のことが見える、というのです。

「人をさばく」（七章一節〔口語訳〕）なんて人間の能力を超えた行為であります。

2月

February

応答の中で

求めなさい。そうすれば、与えられる。探しなさい。そうすれば、見つかる。門をたたきなさい。そうすれば、開かれる。

マタイによる福音書七章七節

驚くべき言葉です。わたしたちの声は虚空に消えていくのではないというのです。声を聞いてくださる方がいる。応えてくださる方がいる。わたしたちの命に責任をもって対応してくださる方がいる。そう言うのです。求め、探し、門をたたき（そうしないでは一日も生きていけない人生です）――応えていただきながら、人の命は育まれます。

見えざる神とのたえざる「応答」の中で、人は人にされていきます。

狭い門

命に通じる門はなんと狭く、その道も細いことか。

マタイによる福音書七章一四節

日常的な事柄なら、しきたりに従うことも人のやり方を見習うこともできます。

試練の時にはそうはいきません。試練に対してはお手本はありません。人はひとりになり、ひとりで決断をしなければなりません。うろたえず、神に問いつつ、自分の決断をするのです。

そうした孤独な決断を通してだけ、人は育てられてゆくのです。

聞いて行う

わたしのこれらの言葉を聞いて行う者は皆、岩の上に自分の家を建てた賢い人に似ている。

マタイによる福音書七章二四節

キリストの言葉を聞いて行わなければ、その言葉の真実はわかりません。考えてもわかりません。言葉を生きてみて初めて、その強固な力を味わい知るのです。

罪を閉じ込める

領主ヘロデは、……自分の行ったあらゆる悪事について、ヨハネに責められたので、ヨハネを牢に閉じ込めた。

ルカによる福音書三章一九、二〇節

ヘロデは自分の権力をもってヨハネを牢に閉じ込めました。彼の罪を責めるヨハネの口を封じるためでした。人間は力や知恵を行使して罪を意識の外に押しやろうとするのであります。

しかし、そのようにして罪は消滅するのではありません。それは膨張し、いつか人間を内部から破壊することになるのです。

罪の自分をもって救い主イエスの前に立つ——解放の道はそこから開けます。逃げないことです。

2月5日

ついて行く

わたしについて来なさい。

マルコによる福音書一章一七節

イエスに従うことは英雄的な行動ではありません。イエスが開いてくださる道をついて行くのです。

十字架を通り、墓を通り、墓を打ち破って、永遠の命への道を、わたしたちのために主イエスは歩き抜いてくださいました。そのように開かれた道を、羊のように救い主の後に従って歩くだけです。

網を捨てて

イエスは、「わたしについて来なさい。人間をとる漁師にしよう」と言われた。二人はすぐに網を捨てて従った。……この二人も父ゼベダイを雇い人たちと一緒に舟に残して、イエスの後について行った。

マルコによる福音書一章一七、一八、二〇節

シモンとアンデレは仕事中に呼び出されました。ヤコブとヨハネは仕事の後始末をしているときに召されました。仕事はどうなるか、家族のことはどうなるか、お墓の問題は、……。難問山積です。

しかし、そのすべてを後にして、彼らは主イエスに従いました。解決してから従うのではありません。従っていく中でひとつひとつ解決されていく喜びを弟子たちは味わいます。

その人に触れ

イエスが手を差し伸べてその人に触れ、「よろしい、清くなれ」と言われると、たちまち、重い皮膚病は清くなった。

マタイによる福音書八章三節

イエスは人の病める部分に触れられます。病める部分に触れるということは、その痛みや苦しみを自分の身に引き受けることを意味しています。人を癒すのは、技術や方法ではなく、人の病への共感共苦だということを救い主イエスの姿から教えられています。

言葉で

イエスは言葉で悪霊を追い出し、病人を皆いやされた。

マタイによる福音書八章一六節

イエスの言葉は単なる言葉ではありません。人の病を担い、罪のために身をもってとりなすメシアの言葉でありました。裏づけのある言葉です。存在のかかった裏づけのある言葉が人を癒すのであります。責任を負わないおしゃべりは人を傷つけるばかりです。

御心ならば

重い皮膚病を患っている人が、イエスのところに来てひざまずいて願い、「御心ならば、わたしを清くすることがおできになります」と言った。

マルコによる福音書一章四〇節

彼は切実にイエスに迫ります。しかし彼は、自分の熱心が自分を癒すとは思っていません。救い主が自分に御心を向けてくださるなら、癒される、と信じています。救い主の視線の中に自分が置いていただけるなら、ただそれだけで、自分は癒されると信じています。

手を差し伸べ

イエスが深く憐れんで、手を差し伸べてその人に触れ……。

マルコによる福音書一章四一節

イエスはただ憐れんだというのではありません。「手を差し伸べて」「その人に触れ」たのであります。病める人の病める部分に。こちらから、向こうにいる人を癒すことはできません。病める人の場に身を置かなければ。そして、手を伸べなければ。
人が人を癒すということは、そういうことであります。

救い主と罪人の世界

医者を必要とするのは、丈夫な人ではなく病人である。わたしが来たのは、正しい人を招くためではなく、罪人を招くためである。

マルコによる福音書二章一七節

痛烈な逆説であり、皮肉であります。病人に医者が必要であるように、救い主は罪人にこそなくてはならないというのです。

神の国は人がそれぞれの正しさを持ち寄っている世界ではありません。キリストの赦しなしには立ち得ない罪人の集まりであります。正しい人には無縁の世界であります。

意味ある生

狐には穴があり、空の鳥には巣がある。だが、人の子には枕する所もない。

マタイによる福音書八章二〇節

イエスは生涯、安住されませんでした。人のために、生きていたからです。人のために、あちらこちらに引き回され、人のために、容赦なく時間をとられました。

イエスのまねはできませんが、忘れてはならないことがあります。人を助けるために、自分の何かが犠牲にされなければならない、ということであります。

だれのためにも損なわれることのない人生、それは平穏で――しかし何の意味も残さない、ということになるでしょう。

2月13日

まず

「主よ、まず、父を葬りに行かせてください」。……イエスは言われた。「わたしに従いなさい。死んでいる者たちに、自分たちの死者を葬らせなさい」。

マタイによる福音書八章二一、二二節

お墓の問題はどうなるのですか。洗礼を受けようとする人が質問します。その問題が解決したら洗礼を受けられるのだが、と考えているのです。逆です。

まず、救い主イエスに従うのです。従っていく中で世のもろもろの問題も、お墓のことも、どうしたらいいか、わかってきます。

お言葉ですから

夜通し苦労しましたが、何もとれませんでした。しかし、お言葉ですから、網を降ろしてみましょう。　ルカによる福音書五章五節

一晩中網を降ろしてなんの収穫もありませんでした。イエスに言われて仕方なくもう一度網を降ろしました。収穫はそのときにありました。

これは伝道の働きについて言われているのです。伝道はうまくいきません。行き詰まります。もう一度主の声を聞かないではおられないところまで追い詰められます。

追い詰められたそこが、いつだって伝道の出発点になるのです。

選び

そのころ、イエスは祈るために山に行き、神に祈って夜を明かされた。朝になると弟子たちを呼び集め、その中から十二人を選んで使徒と名付けられた。

ルカによる福音書六章一二、一三節

十二人の使徒を選び出した時のことが書かれています。主イエスは夜を徹して祈られました。十二人を思いつきで選ばれたのではありません。祈って、ひとりひとりを選び出されました。わたしたちが洗礼を受けたことの背後にもこのような主の選びがあったのです。わたしたちの思いや決心に先立って。

走る悪霊

悪霊どもはイエスに願って言った、「もしわたしどもを追い出されるのなら、あの豚の群れの中につかわして下さい」。……その群れ全体が、がけから海へなだれを打って駆け下り、水の中で死んでしまった。　マタイによる福音書八章三一、三二節（口語訳）

悪霊は集団を成し、集団で破滅へと突進します。悪霊とは主体性なきことであり、それゆえに集団の中で、行動しようとします。

しかし、福音によって生かされる者は、ひとりひとりが神の前に立ち、決断しながら生きてゆきます。したがって、みんなで突っ走ることはせず、自分のペースで歩いて行きます。

「光の子らしく歩きなさい」（エペソ人への手紙五章八節［口語訳］）。

2月17日

その人たちの信仰を見て

中風の人を床に寝かせたまま、イエスのところに連れて来た。
イエスはその人たちの信仰を見て、……。

マタイによる福音書九章二節

イエスは、病める人々の信仰ではなく、連れて来た人たちの信仰を見ます。ひとりの人が救われるために、そのひとりをめぐる人々の信仰があるのです。彼をめぐる祈りと献身に応えて、救い主は御わざを行われます。むろん、救い主はご自分だけで御わざを行うこともできるのです。しかし、教会の祈りに応えて御わざを行うことを、何にもまして喜びとされるのです。

床を担ぎ

起き上がって床を担ぎ、家に帰りなさい。

マタイによる福音書九章六節

男はずっと床に身を横たえていました。床は彼の前提でした。動かせない現実でした。

その男にイエスは命じられたのです。「床を担ぎ、家に帰りなさい」と。床は担げるのです。現実は動かせるのです。起き上がりさえすれば。

信仰とは、現実をあきらめて受け入れることではありません。現実を自分の足で歩き始めることであります。

婚礼の客

花婿が一緒にいるのに、婚礼の客は断食できるだろうか。

マルコによる福音書二章一九節

婚礼の席に招かれています。すべては花婿によってわたしたちの目の前に整えられています。座すべき席も、命の糧も。苦行しなければ受け取れないような賜物はひとつもありません。

単純に喜ぶことから始めていいのです。婚宴の席にいる喜びを知っている者だけが、耐えるべきことを耐えることができるのです。

安息日

安息日は、人のために定められた。人が安息日のためにあるのではない。

マルコによる福音書二章二七節

「人のために」とは、人が生きるために、ということであります。安息日は、人が人として生きるために神によって定められたのであります。安息日は守らなければならない義務ではありません。神を拝し、神のもとで安らぐことがゆるされている祝福の日であります。

見えるようになる

イエスが二人の目に触り、「あなたがたの信じているとおりになるように」と言われると、二人は目が見えるようになった。

マタイによる福音書九章二九、三〇節

この世の有様が見えるようになったのではありません。神が御わざをなさっておられる世界が見えるようになったのです。

救い主イエスに出会いながら、人は神の国に向けていよいよさやかに目を開かれていくのです。

赦しと愛

赦されることの少ない者は、愛することも少ない。

ルカによる福音書七章四七節

多く赦された者が多く愛する。少なく赦された者は愛することも少ない。

それはよくわかる話であります。

では、神はだれかを多く赦し、だれかを少なく赦しておられるのでしょうか。

そんなことはありません。

ただ、自分がどんなに多く赦されているか身にしみてわかる人があり、自分のことをそれほどの罪人とは思わない人がいる、それだけのことであります。

種を蒔く

種を蒔く人が種蒔きに出て行った。　マルコによる福音書四章三節

伝道についての譬え話であります。種を蒔く人が種蒔きに出て行く――あたりまえのことです。しかし伝道に関していえば、種を蒔く人が種蒔きに出て行かない、ということはあり得ることであります。種を蒔いてもおおかたは無駄になると知っているからであります。

しかし、多くの無駄の中からだけ良い地に落ちる種は与えられるのです。

教会は出て行くことを恐れてはなりません。神の国のわざは失敗しながら前進します。

神の国の成長

蒔くと、成長してどんな野菜よりも大きくなり、葉の陰に空の鳥が巣を作れるほど大きな枝を張る。マルコによる福音書四章三二節

神の国の成長ということが言われています。ただ大きさが強調されているのではありません。その葉陰に人が安らうことのできる場になる、と言われているのです。

神の言葉を聞いてゆくなかで、教会は育てられ、他の人を安らわせる何かを与えられるのであります。

2月25日

律法と福音

ただで受けたのだから、ただで与えるがよい。

マタイによる福音書一〇章八節(口語訳)

律法は言います。「あれをせよ。これもせよ」と。
福音は言います。「受けよ」と。
受けなければ与えることはできません。
人は神から受けて、与えることができるだけであります。

足のちりを

もしあなたがたを迎えもせず、またあなたがたの言葉を聞きもしない人があれば、その家や町を立ち去る時に、足のちりを、払い落しなさい。

マタイによる福音書一〇章一四節（口語訳）

伝道してそれが拒否されるとしても（そういうことはいつもあるものです）、敗北者のように考えなくてよい、というのであります。問題は受け取らない側にあるのだから、と。

弟子たちは世を愛さなければなりません。しかし、世に媚びてはなりません。世に媚びて福音はゆがめられ、力を失うからであります。

2月27日

蛇のように、鳩のように

わたしはあなたがたを遣わす。それは、狼の群れに羊を送り込むようなものだ。だから、蛇のように賢く、鳩のように素直になりなさい。

マタイによる福音書一〇章一六節

素直であるばかりではいけない。機を見て、利口に賢明に立ち回らなくてはならない。そんなふうにこの言葉は理解されています。

しかし、主イエスの真意は別のところにあります。弟子たちは、狼に対してまったく無力な羊であるゆえに、羊飼いの声を聞くことに関しては鳩のように素直に、かつ蛇のように注意深くあらねばならないと言われているのです。羊飼いの声を聞かなければ羊は狼の中で命を失います。

兄弟として

わたしの母、わたしの兄弟とは、神の言葉を聞いて行う人たちのことである。

ルカによる福音書八章二一節

神の言葉を聞いて行う者がイエスの兄弟であり母である、と言われます。神の御心を生きるとき、だれよりも身近な兄弟として（年老いた者には子として！）、主イエスはその労苦を共に担ってくださるのであります。世の流れに抗して、信じて進みゆく者に、主イエスは共なる運命を生きる肉親なのであります。

イエスは起き上がって

イエスは起き上がって、風を叱り、湖に、「黙れ。静まれ」と言われた。すると、風はやみ、すっかり凪《なぎ》になった。イエスは言われた。「なぜ怖がるのか。まだ信じないのか」。

マルコによる福音書四章三九、四〇節

主イエスがもしわたしたちの信仰に応じて応えてくださるというのであれば、わたしたちの舟は沈みます。わたしたちにそんな信仰はないからです。

情けない不信仰な叫びに応えてくださる方がこの舟におられる――だから教会は生きて、風と波の中を進んでいくのです。

3月

March

イエスの服の房

この女が近寄って来て、後ろからイエスの服の房に触れると、直ちに出血が止まった。

ルカによる福音書八章四四節

信仰とは自分を預けることであります。体を蝕まれ財産のすべてを失った女性がその自分の重みをイエスに投げかけたとき、彼女は癒されました。救い主は、ひとりの人間の悲痛をその生身のからだに受け止めてくださる方であります。

「わたしから力が出て行った」（四六節）。わたしたちもこの病める手を主イエスの服の房に差し伸ばします。

十二歳の少女

少女はすぐに起き上がって、歩きだした。もう十二歳になっていたからである。

マルコによる福音書五章四二節

十二歳の少女が十二歳の能力を発揮し始めた、というのです。あたりまえのことです。しかし、そのあたりまえのことが、彼女にはできませんでした。病気で伏せっていたからです。

キリストに救われたとき、彼女は立ち上がり、本来の十二歳の少女になったのです。人は救い主に出会って、癒され、本来のあるべき自分を生き始めるのです。

最後まで

最後まで耐え忍ぶ者は救われる。　マタイによる福音書一〇章二二節

長いトンネルでは入口も出口も見えなくなる部分を走らなければなりません。人生にも出口の見えない暗闇の部分があります。ここが終わりだと考えて立ちすくめば文字どおり「終わり」であります。

しかし、どんなトンネルにも神の備えていてくださる出口が必ずあります。大事なことは、途中で投げ出さず「最後」まで走り抜くことであります。最後の場面で神が待っていてくださいます。

抱きとめるために。

逃げる教会

一つの町で迫害されたときは、他の町へ逃げて行きなさい。……あなたがたがイスラエルの町を回り終わらないうちに、人の子は来る。

マタイによる福音書一〇章二三節

伝道すれば迫害されます。逃げ出さなければならないこともあります。この世の力に追われながら、教会はしかし希望を捨てません。行く先々で伝道します。

「イスラエルの町を回り終わらないうちに」主イエスが来てくださるからです。主が教会の労苦を完成してくださいます。

強いきずな

わたしよりも父や母を愛する者は、わたしにふさわしくない。
わたしよりも息子や娘を愛する者も、わたしにふさわしくない。

マタイによる福音書一〇章三七節

「血は水よりも濃い」。たしかに父や母、息子や娘との血のつながりは、他の何ものにも増して強いものがあります。

しかし、イエス・キリストとわたしたちの関係はそれよりもはるかに強固なものであります。神の子が、十字架上でご自身の命を捨てて、生み出してくださった「きずな」だからであります。

わたしたちが切ろうとしても切れない強靱なきずなで結ばれて、わたしたちは救われているのです。

求め

この人は、大工ではないか。マリアの息子でヤコブ、ヨセ、ユダ、シモンの兄弟ではないか。姉妹たちは、ここで我々と一緒に住んでいるではないか。

マルコによる福音書六章三節

イエスは郷里では多くの奇跡や御わざを行われませんでした。イエスの生い立ち、日常生活、弟妹たちを知っている人々は、それ以上に聴こうとも学ぼうともしなかったからです。

イエスの御わざは求めのあるところで行われます。

教会は、主イエスを知っているつもりになり、求めを失うとき、力をなくします。キリストに対する求め、飢え渇きの中でだけ、教会はいきいきと生きるのです。

3月7日

休み

疲れた者、重荷を負う者は、だれでもわたしのもとに来なさい。
休ませてあげよう。
マタイによる福音書一一章二八節

疲れ、重荷はどこから来ているのでしょうか。人生の荷が重すぎるのでしょうか。踏破すべき行程があまりにきついのでしょうか。それでわたしたちはこんなにあえいでいるのでしょうか。

疲れ、重荷の核心はわたしたちの罪過であります。正しくは、罪過を抱いたまま逃走し続けているところに人間の深い深い疲労があります。

逃げなくていいのです。すべてを注ぎ出していいのです。

そのすべてを受け止めるメシアとして、イエス・キリストはわたしたちの前に立っておられます。

正義

正義を勝利に導くまで、
彼は傷ついた葦を折らず、
くすぶる灯心を消さない。

マタイによる福音書一二章二〇節

わたしたちの知っている正義は、しばしば力を背景に声高に語られるものであります。正義を叫ぶ人の表情は険しく暗い。この世の正義は、戦車が野の草を踏みつけるように前進します。

しかし、イエス・キリストが示された神の正義はそういうものではありません。傷ついた葦を守るためにその生涯と命のすべてが注がれたのです。

神の正義は最も弱く脆い命を守るために行われます。

逆風の中で

逆風のために弟子たちが漕ぎ悩んでいるのを見て、夜が明けるころ、湖の上を歩いて弟子たちのところに行き、……。

マルコによる福音書六章四八節

神の国の働きは逆風の中で行われます。良いわざが順風に乗って行われる、なんてことはありません。風に逆らってしか行えないのです。逆風の中での苦闘の場に、主イエスは近づいていてくださいます。逆風だからと撤退していたら、主イエスの臨在を知ることはできません。

3月10日

見える、見えない

あなたがたの目は見ているから幸いだ。

マタイによる福音書一三章一六節

見えるのは、さえぎるものがないから見えるのです。見えないのは、さえぎるものがあるから見えないのです。

知識や経験が足りないから真実が見えないのではありません。そういうものがさえぎって真実を見えなくしているのであります。神の御霊は、繰り返しわたしたちの目から、うろこを取り去り、「裸眼」にしてくれるのであります。

3月11日

毒麦のある畑

僕たちが、「では、行って抜き集めておきましょうか」と言うと、主人は言った。「いや、毒麦を集めるとき、麦まで一緒に抜くかもしれない。……」。

マタイによる福音書一三章二八、二九節

答えはわかっていると思うのです。畑の毒麦を抜けばいいと思うのであります。そう思ってだれもが畑の中に踏み込み、「麦まで一緒に抜」いて、神の畑を荒らしています。

わたしたちの仕事は、抜くことではなく、育てることであります。僕が毒麦に心を煩わされることなく、ひたすら良い麦を育てることをしているならば、おのずから毒麦はその威力を失うのです。

ただひとつ

天の国は次のようにたとえられる。商人が……高価な真珠を一つ見つけると、出かけて行って持ち物をすっかり売り払い、それを買う。

マタイによる福音書一三章四五、四六節

この人生で、得るべきものはあれやこれやではありません。ただひとつ、永遠の命です。そのただひとつの物を得るために、人生の一切が動員されなければなりません。片手間にそれを得ることはできません。

口から出るもの

口にはいるものは人を汚すことはない。かえって、口から出るものが人を汚すのである。　マタイによる福音書一五章一一節（口語訳）

人は外面を清潔にすることに神経を使うものであります。しかし、内面のことはなおざりにされていないか、とイエスは問うのであります。外から入ってくるものが人間を汚すことはありません。内から出てくるもの——口から出る言葉が、どんなに人間を汚し、傷つけているか、考えなければなりません。

外よりも内が清められなければなりません。

沈　黙

弟子たちは沈黙を守り、見たことを当時だれにも話さなかった。

ルカによる福音書九章三六節

山頂で、弟子たちは生涯忘れることのできない崇高な宗教的経験をしました。救い主イエスが天で持っておられる栄光の輝きを見たのです。彼らはそのことをだれにも話しませんでした。

何でも話せばいいというものではありません。胸に閉まってある深い経験が、波風騒ぐ人生の時の大きな支えになることが、必ずあるのです。

不信

「この霊を追い出してくださるようにお弟子たちに頼みましたが、できませんでした」。イエスはお答えになった。「なんと信仰のない、よこしまな時代なのか」。

ルカによる福音書九章四〇、四一節

弟子たちの信仰の力が足りなかったのでしょうか。そのために子供を癒せなかったのでしょうか。

イエスはそんなことを嘆かれたのではありません。人の魂を癒すのはイエスご自身なのです。弟子たちは救い主の御わざに仕えるのであります。自分たちの信仰の力で――あるいは主イエスの御働きの見よう見まねで何かできると思ったことが不信仰でありました。

教会は、生きて働かれる救い主の御わざを信じ、このために仕えるのであります。

祈りによらなければ

彼らは大勢の群衆に取り囲まれて、律法学者たちと議論していた。……イエスは、「この種のものは、祈りによらなければ決して追い出すことはできないのだ」と言われた。

マルコによる福音書九章一四、二九節

弟子たちは自分たちの信仰の正当性を明らかにするために、律法学者たちと熱く議論をしていました。埒《らち》があきませんでした。

主イエスが働いてくださり、病める人が立ち上がって、弟子たちの信仰は立証されるのです。そのために、弟子たちの働きのすべては祈りから始められなければなりません。

小さな者のひとり

これらの小さな者を一人でも軽んじないように気をつけなさい。言っておくが、彼らの天使たちは天でいつもわたしの天の父の御顔を仰いでいるのである。

マタイによる福音書一八章一〇節

「小さな者」とは、人間の世界の評価において、という意味であります。この世界で評価をされないひとりひとりにも守護天使がついていて、その魂のために父なる神への祈りがささげられているのです。

神の民が、世の人々と共に「これらの小さな者」の「一人」を見失うならば、自らの存在の意味をも失うことになります。

受け入れる

わたしの名のためにこのような子供の一人を受け入れる者は、
わたしを受け入れるのである。

マルコによる福音書九章三七節

この世界では人は地位や名声、財力や能力によって受け入れられたり無視されたりするのであります。子供はそういうものを一切持っていません。キリストはわたしたちをその価値や有用性によってはかられませんでした。ただ罪によって失われてゆくこの命をいとおしんでくださいました。

命を惜しむ——救い主を受け入れる信仰はその一点において証しされます。

3月19日

一杯の水

はっきり言っておく。キリストの弟子だという理由で、あなたがたに一杯の水を飲ませてくれる者は、必ずその報いを受ける。

マルコによる福音書九章四一節

弟子たちは神の国の働きを担っています。しかし、弟子たちだけがそれを担っているわけではありません。弟子たちを周囲から支えている人々がいるのです。たとえば「一杯の水を飲ませてくれる」人。目立つことのない無数の献身があって、神の国は前進しています。

わたしたちにも、ささげることのできる小さな奉仕のあることを喜んでいいのです。

ひとりを

ある人に百匹の羊があり、その中の一匹が迷い出たとすれば、九十九匹を山に残しておいて、その迷い出ている羊を捜しに出かけないであろうか。

マタイによる福音書一八章一二節（口語訳）

神はひとりを追い求められます。

神はひとりと出会うことを求められます。数で処理されません。ひとりひとりの存在をかけがえないものとして受け入れてゆくこと、それが弟子たちの使命です。

全人類の救いというような抽象的なことではなく、目の前にいるひとりの魂を愛し、追い求めてゆくことの中に弟子たちの使命があります。

見つけられた銀貨

見つけたら、友達や近所の女たちを呼び集めて、「無くした銀貨を見つけましたから、一緒に喜んでください」と言うであろう。言っておくが、このように、一人の罪人が悔い改めれば、神の天使たちの間に喜びがある。　ルカによる福音書一五章九、一〇節

銀貨は見つけてもらうために何をしたわけでもありません。見つけ出してもらっただけであります。

ひとりの罪人が悔い改めるとき、彼は見つけ出されたのです。人が罪を悲しみ痛むとき、既に赦しの光にとらえられているのであります。

我に返る

食べ物をくれる人はだれもいなかった。そこで、彼は我に返って言った。「父のところでは、……」。

ルカによる福音書一五章一六、一七節

彼が「我に返った」のは良心的であったからではありません。行き詰まったからです。極限に追い詰められた裸の人間に、世は何の助けも与えてはくれないのです。

「食べ物をくれる人はだれもいなかった」。そのときになって、初めて彼は自分を待っていてくれる「父」を発見しました。

わたしたちにもそんな日があります。自分が待たれている存在であることを心底知らされる日が。頼るべきすべてのものを失って、「我に返」る日が。

見つかった

この息子は、死んでいたのに生き返り、いなくなっていたのに見つかった……。

ルカによる福音書一五章二四節

転落し、傷つき、思い悩み、ようやく目が覚めて立ち返ることができた、と思っていました。

そうではありませんでした。

父なる神が待ち続け、探し求め、そして見つけてくださったのです。

そのことがほんとうにわかって、安堵と喜びが体中に広がっていくのを経験します。

名前

ある金持ちがいた。……この金持ちの門前に、ラザロというできものだらけの貧しい人が横たわり、……。

ルカによる福音書一六章一九、二〇節

奇妙なことです。金持ちの名前は記されず、金持ちの門前に横たわる貧しい人間が名前で呼ばれているのです。むろん世間の人は金持ちの名前を知っていたでしょう。どこでも、金持ちは有名だから。ラザロなんて名前は知らない人が多かったにちがいありません。

人には知られていなかったけれど神には知られていた、そう聖書は言うのです。

神は世の評価する人間の名前を知らず、世の知らない人間の名前をご存じです。神に声をあげ続けなければ生きていけない貧しい人間の名前を。

ついて行けない

「あなたがおいでになる所なら、どこへでも従って参ります」……。イエスは言われた。「狐には穴があり、空の鳥には巣がある。だが、人の子には枕する所もない」。

ルカによる福音書九章五七、五八節

イエスの行かれる場所は想像を絶する地点でありました。眠ることのゆるされない場所。眠りの代わりに、目を開いて死と向き合わなければなりません。罪人と死を引き離すために。

だから、わたしたちはついて行けないのです。ついて行かなくていいのです。その恵みをしっかり受け取るのです。

片方の手が

もし片方の手があなたをつまずかせるなら、切り捨ててしまいなさい。両手がそろったまま地獄の消えない火の中に落ちるよりは、片手になっても命にあずかる方がよい。

マルコによる福音書九章四三節

片手を切り捨ててわたしたちの罪は精算できるのでしょうか。片足を切り捨て、片目をえぐり出して罪を精算できるのでしょうか。わたしたちの罪はこの肢体のすべてを用いて行われているのではありませんか。

イエス・キリストが十字架上でその全身をズタズタにされて葬り去られたその意味は深いのです。

十字架以外にわたしたちの救いはあり得ません。

3月27日

戻って来た者

この外国人のほかに、神を賛美するために戻って来た者はいないのか。

ルカによる福音書一七章一八節

祈る人はたくさんいます。病気や苦難に襲われたとき、人は祈らないではおられません。わたしたちもいくたび祈り、そして癒されてきたことでしょう。いくたび試練の谷をくぐらせていただいたことでしょう。

しかし、わたしたちは祈ったことを忘れてしまうのです。自分の対処の仕方が適切であったかのように考える。運が良かったかのように考える。

神を賛美して戻っていった人にキリストは言われました。「あなたの信仰があなたを救った」。

感謝して帰っていく者こそ、神の恵みの視野の中で生き始める者であるからです。

やもめ

ひとりのやもめがいて、彼のもとにたびたびきて、「どうぞ、わたしを訴える者をさばいて、わたしを守ってください」と願いつづけた。

ルカによる福音書一八章三節（口語訳）

困窮していたやもめ——それが信仰者だというのであります。願い続けるよりほか、なすすべがないのであります。そうやって、行き詰まりつつ、途方に暮れつつ——祈り続けながら、わたしたちは神の慈愛のふところに、いよいよ深く入ってゆくのであります。

3月29日

正しさ

神様、わたしはほかの人たちのように、奪い取る者、不正な者、姦通を犯す者でなく、また、この徴税人のような者でもないことを感謝します。

ルカによる福音書一八章一一節

彼は「ほかの人たち」のことを見るのです。数段、自分が正しいことを確認し、安心します。隣りの徴税人を見おろします。そして感謝します。彼には、ただひとつの大切なことが欠けています。神の下で自分を見るということです。他人と比較している限り、自分の方が絶対に正しくしか見えないのです。

神の光に照らされることのない「正しい人」たちによって、世はこのように暗いのです。

降りて来て

ザアカイは急いで降りて来て、喜んでイエスを迎えた。

ルカによる福音書一九章六節

救い主イエスを迎えるためには、降りていかなければなりません。背伸びせず。爪先立たず。ありのままで。罪の姿のまま。わたしたちは無理をしすぎているのです。人に負けまいとして。ありもしない自分をつくって。気取って。イエスはわたしたちの足もとに来てくださっており、そこで待っていてくださいます。「急いで降りて来なさい。今日は、ぜひあなたの家に泊まりたい」。

最も小さい者

わたしの兄弟であるこの最も小さい者の一人にしたのは、わたしにしてくれたことなのである。　マタイによる福音書二五章四〇節

気をつけなければなりません。「小さい者」とは子供のことではありません。（それだったら愛することも困難ではないでしょう。）病気であったり、障害をもっていたり、挫折した人であったり、――つまり傷を負って生きている人々のことであります。

そうした人々に関わることは、なんらかのかたちで重荷を負うことになるでしょう。

しかし、そこに踏み込まないで、主に出会うことはできない、と言われているのであります。

4月

April

エルサレムへ

一行がエルサレムへ上って行く途中、イエスは先頭に立って進んで行かれた。……従う者たちは恐れた。

マルコによる福音書一〇章三二節

エルサレムでは苦難が待っていることをイエスはご存じでした。その場所に向かって決然と歩み出されます。苦難を貫いて神の御心を行うためでありました。

迫ってくる暗雲に、仕方なしに巻き込まれるのではなく、祈って決意をもって向かうとき、状況を生きる力が与えられます。困難な現実の中に神の摂理の道が一筋見えてきます。

十字架と復活

異邦人は人の子を侮辱し、唾をかけ、鞭打ったうえで殺す。そして、人の子は三日の後に復活する。

マルコによる福音書一〇章三四節

十字架には負（マイナス）の要素のすべてが集まっています。人々の迎合、裏切り、逃走。それによってキリストが受ける恥辱、苦難、死。

復活はその負の要素をそっくりひっくり返すのです。恥辱を栄光に、死を命に、絶望を希望に。

人生の苦しみ、悲しみ、嘆き、そのすべてが、そっくり栄光へとひっくり返される希望が、復活には込められているのです。

祈りのむつかしさ

多くの人々が叱りつけて黙らせようとしたが、彼はますます、「ダビデの子よ、わたしを憐れんでください」と叫び続けた。

マルコによる福音書一〇章四八節

祈りはむつかしいことではありません。ただ、「憐れんでください」と主に求めればいいのです。単純なことであります。

しかし、不思議なことに、祈ろうとすると、祈りをさまたげる、さまざまな力が働きます。横道にそらせようとするのです。

さまたげにめげず、それをふり払って声を出してゆくときに、祈りは祈りになってゆきます。祈りは何かを突破してゆく闘いでもあるのです。

ろばに乗り

見よ、お前の王がお前のところにおいでになる、
柔和な方で、ろばに乗り、
荷を負うろばの子、子ろばに乗って。マタイによる福音書二一章五節

ろばはむろん荷を運ぶ動物。背が高くないので、だれもがひょいと自分の荷物を乗せるのです。ろばに乗ったイエスは自らろばのように低くなってエルサレムに入られます。

その背にわたしたちの荷を負うために。

何よりもわたしたち自身を乗せるために。

わたしたちの王、救いの主の背は、そんなに低く、そんなに親しい。

神のものは神に

神のものは神に返しなさい。
マルコによる福音書一二章一七節

「神のもの」とはわたしたち自身、この全存在のことであります。イエス・キリストの犠牲によって、いまや、全存在は、神のもの（所有）とされたのです。だれも引き離すことはできません。

この計りがたい恵みに、贖われたこのからだをもって、生涯かけて応えていくのがわたしたちの喜ばしい課題であります。

惑わされないように

人に惑わされないように気をつけなさい。

マルコによる福音書一三章五節

人々は大げさに騒ぎます。興奮して思い上がったり、失望して意気消沈したり、気分は乱高下します。人間の動向を見ているだけでは、歴史についても、時代についても、判断を誤ってしまいます。

歴史を導いておられる見えざる神を見失わない信仰が、激動の中で人を揺るがず立たせるのであります。

信仰が無くならないように

わたしはあなたのために、信仰が無くならないように祈った。だから、あなたは立ち直ったら、兄弟たちを力づけてやりなさい。

ルカによる福音書二二章三二節

自ら背いて、神の恵みがわからなくなってしまう危機の時というものがあるのです。

そのときに祈ってくださる主イエスがおられなかったら、信仰はなくなっていたでしょう。

祈られてある信仰だから、わたしたちも試みの中にいる兄弟の信仰のために祈ります。

祈られて

わたしはあなたのために、信仰が無くならないように祈った。だから、あなたは立ち直ったら、兄弟たちを力づけてやりなさい。

ルカによる福音書二二章三二節

主イエスはペトロの挫折を予告します。
同時にそのペトロのために「祈った」と言われます。
ペトロは自ら覚醒して再起したのではありません。
主イエスの祈りによって立ち上がります。
つまずいたペトロだから、「兄弟たちを力づける」ことができるのです。

損得

「あの男をあなたたちに引き渡せば、幾らくれますか」と言った。そこで、彼らは銀貨三十枚を支払うことにした。

マタイによる福音書二六章一五節

ユダは銀貨三十枚でキリストを売りました。その方が得だと思ったからです。これ以上ついていけば損をするばかりだ、と。

損得という天びんにかけて物事を考えてゆくならば、信仰の生活は、たぶん損ということになるでしょう。ささげながら、損をしながら得てゆくもの、それが信仰です。

ささげることによって、あえて損をすることによってしか得られない豊かさがある、ということを味わい知らなければ、一切は無益であります。

目を覚まして祈る

彼らに言われた。「わたしは死ぬばかりに悲しい。ここを離れず、目を覚ましていなさい」。

マルコによる福音書一四章三四節

人の罪の壮絶な闘いがなされています。神の怒りのすべてがイエス・キリストに向けて、巨大なダムの水門が開くように、一挙に注ぎ尽くされようとしています。

そのとき当の人間は眠っているのです。他人の罪に対しては結構厳しいわたしたちですが、自分の罪がそんなに深刻だとは少しも考えていません。救い主は、そのわたしたちのために、今も目を覚まして祈ってくださることを忘れてはなりません。

剣を納めよ

イエスはペトロに言われた。「剣をさやに納めなさい。父がお与えになった杯は、飲むべきではないか」。

ヨハネによる福音書一八章一一節

ペトロは決死の覚悟で剣を振るいました。押し迫ってくる者たちの卑怯卑劣が我慢できなかったからであります。

しかし、イエスはペトロの闘いを制止されました。そういう人間たちを切り捨てたとしても、問題は解決しないからであります。

わたしたちを取り巻く悪人たちをみんな切り捨てたら問題は解決するか。解決しないのです。深刻な問題は自分を含めた人間すべての中にあるからです。

この問題を解決するために、救い主は自らを神の審きの下に置かれるのです。神の子の受難を外にして人間の救いはどこにもありません。

たき火

人々が屋敷の中庭の中央に火をたいて、一緒に座っていたので、ペトロも中に混じって腰を下ろした。ルカによる福音書二二章五五節

ペトロは、たき火をしている人々の輪の中に入りました。人は信じられないと知りながら、人々のぬくもりを求めないではいられないペトロの弱さ、悲しみ。

イエスは、そのペトロを見つめられます。

弱いわたしたちを包む主イエスのまなざしがあるから、わたしたちは繰り返し、立ち上がることができるのです。歩き始めた子が、母親の前で何度も倒れては起き上がるように。

激しく泣いた

主は振り向いてペトロを見つめられた。ペトロは、「今日、鶏が鳴く前に、あなたは三度わたしを知らないと言うだろう」と言われた主の言葉を思い出した。そして外に出て、激しく泣いた。

ルカによる福音書二二章六一、六二節

三度にわたって、主イエスを知らないと言ったペトロを主は見つめられます。振り返って。悲しむ視線です。慈しみのまなざしです。

ペトロはこの凝視から逃れることができず、泣きました。ペトロの新生の道はあの「激しく泣いた」地点から始まりました。

このまなざしを振り払って逃げたユダは行く先を失いました。

十字架に引き渡した者

イエスは答えられた。「神から与えられていなければ、わたしに対して何の権限もないはずだ。だから、わたしをあなたに引き渡した者の罪はもっと重い」。

ヨハネによる福音書一九章一一節

法に従ってイエスを十字架につけた人間はピラトでありました。しかし、そのピラトよりも罪の重い人間がいるというのです。それはユダでしょうか。祭司長や律法学者たちでしょうか。

そうではありません。イエスを十字架へと赴かせたのはわたしたちでありります。わたしたちの罪であります。

悪人をどこかに探しているかぎり、十字架の恵みはわかりません。

神の過越祭

ピラトは、これらの言葉を聞くと、イエスを外に連れ出し、ヘブライ語でガバタ、すなわち「敷石」という場所で、裁判の席に着かせた。それは過越祭の準備の日の、正午ごろであった。

ヨハネによる福音書一九章一三、一四節

ピラトがイエスを裁判の席に着かせたその時は、折しも過越の準備の時――犠牲の小羊が用意される時でありました。ここでの最高権力者ピラトの意志に反してイエスの十字架は避けがたいものになりました。

神の主導による過越祭が始まったのです。

いかなる権力者であろうと、ピラトであろうと、阻止できない、人類救済の過越祭であります。

イエスの後ろから

人々はイエスを引いて行く途中、田舎から出て来たシモンというキレネ人を捕まえて、十字架を背負わせ、イエスの後ろから運ばせた。

ルカによる福音書二三章二六節

たまたま通りかかったばかりに、シモンは十字架を負わされました。群衆の中から引き出されて。泣きたい気持ちだったでしょう。口惜しかったと思います。

しかし、目の前を足を引きながら十字架刑に向かっていくイエスの背を見ているうちに、胸の中の冷たく固い何かが溶けていきました。

割に合わない荷を負うことで成し遂げられる大事が、人生にはあるとシモンは悟ったのです。

真ん中

彼らはイエスを十字架につけた。また、イエスと一緒にほかの二人をも、イエスを真ん中にして両側に、十字架につけた。

ヨハネによる福音書一九章一八節

犯罪人のふたりが十字架につけられます。彼らは自分の罪の生涯の結末を迎えているのであります。その彼らの真ん中でイエスは十字架についています。

わたしたちもいつかこの体の死の時を迎えなければなりません。罪の結末ですから楽ではないと思います。

しかし、その死にもはや呪いはないのです。わたしたちの隣りで、救い主がその呪いのすべてを受けてくださっているからであります。

苦しいけれど、それは命への入り口であります。

他人は救ったのに

他人は救ったのに、自分は救えない。

マルコによる福音書一五章三一節

イエスは十字架で撃たれ、ついに自分を救いません。「他人は救うが自分は救えない」と群衆はあざ笑います。しかし、徹底して自分を救わないことによって、主イエスはわたしたちの救いを成し遂げられたのです。わたしたちの救いはこれ以外にあり得なかったと聖書は言うのです。

まず自分を救い、余裕で他を救う――そんなことはできません。だれかを救うためには、自ら痛み、苦しみ、失わなければならないのです。

十字架のそば

イエスの十字架のそばには、その母と母の姉妹、クロパの妻マリアとマグダラのマリアとが立っていた。

ヨハネによる福音書一九章二五節

母マリアと三人の女性たちは「十字架のそばに」立ち尽くしています。十字架の苦しみと悩みの「そばに」身を置くことによって、女性たちは、悲嘆の中にありながら、そこから流れ出る慰めと恵みを受け取るのです。

突き刺した者を見る

兵士の一人が槍でイエスのわき腹を刺した。……聖書の別の所に、「彼らは、自分たちの突き刺した者を見る」とも書いてある。

ヨハネによる福音書一九章三四、三七節

兵士はイエスの死を確かめるために槍でその体を刺しました。預言どおりのことが行われたと記されています。

しかし、イエスの体を突き刺したのは一兵士ではなくて、本当はわたしたちの罪であります。わたしたちの罪の鋭い穂先が、救い主の体を貫いたのです。

自らが突き刺した方に相見えて生きている——考えてみればそれがわたしたちの信仰生活であります。

4月21日

出る幕

その後、イエスの弟子でありながら、ユダヤ人たちを恐れて、そのことを隠していたアリマタヤ出身のヨセフが、イエスの遺体を取り降ろしたいと、ピラトに願い出た。

ヨハネによる福音書一九章三八節

イエスの遺体を引き取った人のことが紹介されています。消極的な信仰者であります。情けない弟子であります。その彼が、極悪犯罪者として十字架につけられたイエスの遺体の引き取りを申し出たのです。主だった弟子たちは四散して十字架のもとにはいませんでした。

神はどんな信仰者にも出る幕を用意していてくださるのだと思います。

ともかく行く

「だれが墓の入り口からあの石を転がしてくれるでしょうか」と話し合っていた。ところが、目を上げて見ると、石は既にわきへ転がしてあった。

マルコによる福音書一六章三、四節

女たちは墓に向かって歩いていました。墓の前には彼女たちの力では動かすことのできない大きな石があることがわかっていました。それでも彼女たちは、ともかくその場所まで歩きました。

人はしばしば不可能だ、結果はわかり切っていると考え、立ちどまっています。しかし、ともかくそこに行ってみるということは大切なことであります。思いがけない展開がそこから始まるものであります。

結論を先取りして歩こうとしない――それが不信仰ということであります。

わたしが生きているので

「あなたがあの方を運び去ったのでしたら、どこに置いたのか教えてください。わたしが、あの方を引き取ります」。イエスが、「マリア」と言われると、彼女は振り向いて、ヘブライ語で、「ラボニ」と言った。

ヨハネによる福音書二〇章一五、一六節

キリストを自分の手元に「引き取る」ことはできません。キリストは記憶としてわたしたちの胸の中に抱かれる方ではありません。キリストは呼びかけます。呼びかけて、生きているご自身を示してくださいます。キリストを慕い、追憶する人々によって教会は存在しているのではありません。キリストに名を呼ばれ、目を開かれた人々によって教会は生きているのです。

「わたしが生きているので、あなたがたも生きる」(ヨハネによる福音書一四章一九節)。

すがりつくのでなく

イエスは言われた。「わたしにすがりつくのはよしなさい。まだ父のもとへ上っていないのだから。……」。

ヨハネによる福音書二〇章一七節

マリアは復活のイエスにすがりつこうとします。失っていた、あの温かい、親密な、ぬくもりのある交わりをこの手に取り戻そうとしたのです。しかし、イエスはそのマリアをとどめられます。「まだ父のもとへ上っていないのだから」と。

主イエスは父なる神のもとに上り、弟子たちをとりなす者として、慰める者として、彼らと共に生きる者として関わりをもってくださいます。そのようにして弟子たちを復活の命の世界に引き入れられるのです。

一緒に歩き

話し合い論じ合っていると、イエス御自身が近づいて来て、一緒に歩き始められた。

ルカによる福音書二四章一五節

あえぎながら、足を引きながら歩いていたのはわたしたち。

でも、いつの間にか、この日暮れゆく道を、並んで歩いていてくださる方がいて、わたしたちのつぶやきを聞いておられた。

つぶやきは訴えになり、告白になり、やがて会話となって、――光を浴びた森のように――わたしたちの魂は溢れて、満ち足りて、安らいでいったのです。

なお先へ

彼らは行こうとしていた村に近づいたが、イエスがなお先へ進み行かれる様子であった。　ルカによる福音書二四章二八節（口語訳）

人は人生の設計を立てます。就職して、昇進して、定年で引退してと、終わりを見越します。

しかし、わたしたちの終わりだと思うところに主イエスはとどまることを望まれません。「なお先へ進み行かれる」ことを望まれます。

復活の主と共に歩く者は暮れてゆく道を歩くのではなく、しだいに明けてゆく朝の光の中を歩いているのです。

4月27日

イエスが岸に

既に夜が明けたころ、イエスが岸に立っておられた。

ヨハネによる福音書二一章四節

一晩中働いてなんの収穫もなかった弟子たちが岸に向かいます。そこにイエスが立っておられました。偶然立っておられたのではありません。弟子たちを待って、立っておられたのです。

一生懸命に働いたのに収穫はなんにもない、そういうこともあるのです。つまずいたり失敗したりして無一物で帰ってゆかなければならない岸辺がありますす。

その岸辺に主イエスは立っていてくださいます。わたしたちを迎えるために。人生には失うことによって初めて得ることのできる出発点というものもあるのです。

魚があまり多くて

魚があまり多くて、もはや網を引き上げることができなかった。

ヨハネによる福音書二一章六節

復活の主のもとで、弟子たちは網を打ちました。収穫が多くて引き上げることができませんでした。

わたしたちの労苦、祈りに収穫が見えない、そんな不安や焦りにとらえられることがあります。

しかし、復活の主イエスのもとで、労苦は応えられ、祈りは聞かれているのです。収穫が多くて、今わたしたちはこの網を引き上げることができないのです。

主イエスの待たれる岸辺で、そのすべてを見せていただく時があるのです。その日に向けてたゆまないでいましょう。

4月29日

裸同然

シモン・ペトロは「主だ」と聞くと、裸同然だったので、上着をまとって湖に飛び込んだ。

ヨハネによる福音書二一章七節

どんな親しい仲間にも、自分の中の知られない部分はあります。だから一緒にいられます。

しかし、救い主の光の中ではわたしたちは見事に「裸同然」なのです。隠しようもありません。

恥ずかしくて湖に飛び込んだペトロを、それでも主イエスは岸辺で待っていてくださいました。

わたしたちは待たれている罪人なのです。

三度目

ペトロは、イエスが三度目も、「わたしを愛しているか」と言われたので、悲しくなった。
ヨハネによる福音書二一章一七節

さすがに三度目はペトロの胸にこたえました。三度、主を否認したことを思い出したからです。

しかし、イエスはその罪を問うことはされません。「わたしを愛しているか」と、その一事だけを問われます。

救い主の受難、十字架、復活——あの一連の出来事はまさしくつまずくペトロのためであったことが心底わかっているならば、それでよい、と言われるのです。もし心底わかっているならば、その感謝の思いをもって、ペトロは羊を養うことができるのです。

5月

May

ギリシア人にも未開の人にも

わたしは、ギリシア人にも未開の人にも、知恵のある人にもない人にも、果たすべき責任があります。

ローマの信徒への手紙一章一四節

ギリシア語はローマ帝国の共通語でした。ギリシア語の通じる文明圏の人々と、その外にある言葉の通じない人々、それから知恵のある人々とそうでない人々、これは当時通用していたごく単純な人間の分類であります。しかし、神の福音は、世が分類して排斥した人々を排斥しません。その人々のためにも、神は御子の命を賭して御わざを行ってくださったのです。そのことを思うと、生きとし生ける者すべてに、わたしたちは責任があるのです。

覆う

罪を覆い隠された人々は、
幸いである。

ローマの信徒への手紙四章七節

罪がなくなったわけではありません。覆い隠されたのです。白い雪がものを隠すように。いえ、もっと激しく、イエス・キリストが身を投げ出してわたしたちの罪を覆い隠してくださったのです。ふりかかる火の粉の中、母が子を覆うように。

あやかる

もし、わたしたちがキリストと一体になってその死の姿にあやかるならば、その復活の姿にもあやかれるでしょう。

ローマの信徒への手紙六章五節

「あやかる」というのは、自分のしたことでないのにその成果をいただく、という意味であります。

キリストの死に「あやかって」、わたしたちは罪と死の問題を克服しました。キリストの復活に「あやかって」、わたしたちも新しい命に復活しました。

わたしたちが死を賭して罪と闘ったわけではありません。自力で死の縄目から脱出したわけでもありません。キリストの御わざに「あやかって」いるのです。「あやかって」、救いをいただいているのです。

救われて

わたしはなんと惨めな人間なのでしょう。死に定められたこの体から、だれがわたしを救ってくれるでしょうか。わたしたちの主イエス・キリストを通して神に感謝いたします。

ローマの信徒への手紙七章二四、二五節

律法を通して神を知っていたとき、神は重苦しくのしかかってくる存在のように見えました。「蒔かない所から刈り取り、散らさない所からかき集められる厳しい方」（マタイによる福音書二五章二四節）のようでした。イエス・キリストの救いを通して神を知らされたとき、忽然と神とわたしたちの交わりの道が開けました。神を、父として喜んでいい。そのことがわかって、神の言葉は真実慕わしいものになりました。

霊によって

霊によって体の仕業を絶つならば、あなたがたは生きます。

ローマの信徒への手紙八章一三節

体の仕業を人間の意志で阻止することはできません。イエス・キリストを信じる「霊」をいただいて断ち切ることができます。罪を犯さなくなるのではありません。罪の連鎖があちこちでブチブチと断ち切られるのです。すなわち、悔い改めのある人生こそ、命の道を生きているしるしであります。

被造物も

つまり、被造物も、いつか滅びへの隷属から解放されて、神の子供たちの栄光に輝く自由にあずかれるからです。

ローマの信徒への手紙八章二一節

神はこの世界を創造し、そして人間を創造されました。世界を治めるように、と人間に命じられました。

世界は人間と切り離せない仕方で存在しています。人間が罪を犯し、堕落したとき、世界もその存在の意味を失い、「虚無に服し」(二〇節)てしまいました。人間が罪を贖われ、神の栄光へと回復されるとき、被造物も「滅びへの隷属」から解放されるのです。

イエス・キリストの救いの御わざは人間と全被造物に関わっています。

〝霊〟のとりなし

同様に、〝霊〟も弱いわたしたちを助けてくださいます。わたしたちはどう祈るべきかを知りませんが、〝霊〟自らが、言葉に表せないうめきをもって執り成してくださるからです。

ローマの信徒への手紙八章二六節

わたしたちはいつも祈っています。健康であるように。成功するように。人の評価を得られるように。けれど、自分の命の救われるために、それほど切実に祈ってはいません。

だから、聖霊が言葉に表せないうめきをもって、わたしたちのために祈っていてくださるのです。

わたしたちのつたない祈りに〝霊〟のとりなしがともなっているゆえに、わたしたちの祈りは、少しずつ変えられ、高められていくのです。

御子をさえ惜しまず

わたしたちすべてのために、その御子をさえ惜しまず死に渡された方……。

ローマの信徒への手紙八章三二節

自分の子を守るためなら、人はなりふり構わず闘います。わが子を正当化するためには、周りのすべてを悪者にさえしてしまいます。それが人間の現実であり限界です。

罪のわたしたちを救出するために、神は「御子をさえ惜しまず」死に渡されました。

その愛の悲痛、わたしたちに計り知ることはできません。

とりなしの下に

キリスト・イエスは、死んで、否、よみがえって、神の右に座し、また、わたしたちのためにとりなして下さるのである。
ローマ人への手紙八章三四節（口語訳）

キリストは死んで、わたしたちから離れられたのではありません。甦って、神に最も近くいて、わたしたちのためにとりなしてくださるのであります。

孤独な戦い――なんて悲壮な気持ちになってはなりません。強力な祈りの援護の下に、わたしたちの命はあります。

呼び求める

「主の名を呼び求める者はだれでも救われる」のです。

ローマの信徒への手紙一〇章一三節

少年時代に母親を亡くして、それから泣けなくなったと、そんな話を聞きました。

心ゆくまで泣くことのできる場所をもっているということが信仰者の力であります。何をしなければならないとか、どうあるべきとかそんなことはひとつもないのです。「助けて！」と神の名を呼び求めるその人が救われるのです。

反抗する民に

しかし、イスラエルについては、「わたしは、不従順で反抗する民に、一日中手を差し伸べた」と言っています。

ローマの信徒への手紙一〇章二一節

「不従順で反抗する民」だから、見限ったというのではありません。「一日中手を差し伸べた」というのです。

神の変わることのない罪人に対する姿勢を言い表しています。そして、これは伝道する教会の世にある姿勢でもあるのです。

消極的に待つのではありません。攻撃的に待つのです。傷ついた手を広げて。

慈愛と峻厳《しゅんげん》

神の慈愛と峻厳とを見よ。　ローマ人への手紙一一章二二節（口語訳）

神の慈愛は峻厳（厳しさ）と結びついています。人の魂を追求する厳しさです。失われたものをたずね出さないではやまない厳しさです。厳しさなしに、決して愛は成り立ちません。峻厳を欠いた甘さが愛を力のないものにしているのです。

献身

あなたがたのからだを、神に喜ばれる、生きた、聖なる供え物としてささげなさい。

ローマ人への手紙一二章一節（口語訳）

心や精神をささげよと、言われていないことに注目しなければなりません。「からだ」をささげよ、ということは具体的な目に見える形での献身をせよ、ということであります。

なぜなら、そうしなければ、神の子がわたしたちの救いのために「からだ」をささげてくださった恵みはわからないからであります。

慎み

神が各自に分け与えられた信仰の量りにしたがって、慎み深く思うべきである。

ローマ人への手紙一二章三節（口語訳）

わたしたちの賜物は神によって「分け」与えられたものであります。ひとりがすべてを持っているわけではありません。神がそれぞれの肢体にふさわしい賜物を与えてくださっているのです。

わたしの賜物は、兄弟の賜物と結び合わされることによってだけ生きるのです。そのことを知る謙遜が「慎み深い」ということであります。

部分

わたしたちも数は多いが、キリストに結ばれて一つの体を形づくっており、各自は互いに部分なのです。

ローマの信徒への手紙一二章五節

教会のことを言っています。教会はキリストの体だというのです。各自はその部分だと。

どんなに有能な人でも、体の一部分にすぎないことを認識しなければなりません。逆に、「自分のようなものは役に立たない」と思っている人でも、キリストにとっては、なくてはならない体の部分なのだ、ということを忘れてはなりません。

快《こころよ》く

寄附する者は惜しみなく寄附し、指導する者は熱心に指導し、慈善をする者は快く慈善をすべきである。

ローマ人への手紙一二章八節（口語訳）

それぞれの賜物に応じて奉仕せよ、というのであります。ただし、快く。あの人はしてない、この人は十分でない、そう思っていらいらしてはならないのであります。人はどうであれ、自分の賜物を主にささげてゆく。それが大切なことであります。

快い奉仕だけが、もうひとりの人を目覚めさせるのであります。

偽りの愛

愛には偽りがあってはなりません。 ローマの信徒への手紙一二章九節

愛はつくりものであってはならないというのです。なぜなら、わたしたちの受けている愛は真実なものであるからです。神の独り子の十字架において、差し出されているものであります。

自分がいっさい苦しむことも傷つくこともない行為は、愛ではあり得ないことをわたしたちは知っています。

泣く人と共に

喜ぶ人と共に喜び、泣く人と共に泣きなさい。

ローマの信徒への手紙一二章一五節

喜ぶ人と共に喜ぶことはむつかしい、とだれかが言いました。苦しみの時、一緒に泣いた人が一緒に喜べるのであります。人の悲しみのそばにいること――つらいことだけれど、それが一切の始まりです。

5月19日

敵との戦い

あなたの敵が飢えていたら食べさせ、渇いていたら飲ませせよ。そうすれば、燃える炭火を彼の頭に積むことになる。

ローマの信徒への手紙一二章二〇節

敵を憎み、報復することで、敵はいよいよしたたかな敵になります。なぜなら、彼はさらに大きな力で報復に立ち上がるに違いないからであります。

ここでは、敵に打ち勝つ唯一の道が示されています。敵の困窮に手を差し伸べるのです。「燃える炭火」とは敵を変える力を意味しています。敵を敵でなくする、そういう戦いこそキリストを信じる者の闘いです。

借り

互いに愛し合うことのほかは、だれに対しても借りがあってはなりません。

ローマの信徒への手紙一三章八節

借りをつくるな、というのです。負うべきものを負い、果たすべきことを果たしなさい、と。

ただし、「愛し合うこと」に関してはだれに対しても借りがあるのです。救い主イエス・キリストから受けている愛の借りを隣人に返してゆかなければなりません。

隣人から愛を受けていなくても、です。

愛と律法

「姦淫するな、殺すな、盗むな、むさぼるな」、そのほかどんな掟があっても、「隣人を自分のように愛しなさい」という言葉に要約されます。

ローマの信徒への手紙一三章九節

律法は禁止します。「するな」「するな」と。

信仰は勧めます。「愛しなさい」と。

間違いを犯さない正しさよりも、たとい傷ついても愛する行為が貴いのです。

正しいだけの神は、わたしたちになんの関わりもありません。

「独り子をお与えになったほどに」自ら傷つかれた神こそ、わたしたちの神であります。

感謝して

食べる人は主のために食べる。神に感謝しているからです。また、食べない人も、主のために食べない。そして、神に感謝しているのです。

ローマの信徒への手紙一四章六節

主を仰いで、感謝して、ある人は肉を食べます。

主を仰いで、感謝して、ある人は野菜だけを食べます。

その感謝――信仰の喜びを失ったら、互いに裁き合う不毛の争いとなるのです。どちらが正しいかという争いであります。

神に感謝しているなら、どちらも正しいのです。

強さ

わたしたち強い者は、強くない者たちの弱さをになうべきであって、自分だけを喜ばせることをしてはならない。

ローマ人への手紙一五章一節(口語訳)

強さとは何なのかを言っているのであります。

真の強さとは、弱い者の「上に立つ」のではなく、弱さを支えるために「下に立つ」ことができるということの中にあるのです。

そしりを受ける

キリストも御自分の満足はお求めになりませんでした。「あなたをそしる者のそしりが、わたしにふりかかった」と書いてあるとおりです。

ローマの信徒への手紙一五章三節

濡れ衣を着せられる、という言葉があります。わたしたちはこれを最大の不快とします。濡れ衣を晴らすために躍起になります。しかし、キリストは濡れ衣を自ら着られたのです。人の負うべき「そしり」をその身に受けられました。それが救い主の地上の生涯のすべてでありました。

だれの濡れ衣を。

わたしたちの、です。

祭司

神の福音のために祭司の役を務めている……。

ローマの信徒への手紙一五章一六節

信仰者は世の人々の中で、ただ人々の中のひとりとして存在しているだけではありません。

人々と神の間に立つ祭司として存在しているのであります。

人々に悔い改めを迫りながら、人々のために神に祈るのです。

祭司である光栄とジレンマを離れて福音を証しすることはできません。

待つ教会

五旬節の日がきて、みんなの者が一緒に集まっていると、……。

使徒行伝二章一節（口語訳）

みんなの者が集まっていたのは、祈っていたのであります。
祈りつつ待っていたのであります。
そうして彼らは神の霊を受けました。
神の働き人とされました。
教会のいっさいのわざは「待つ」ことから始まります。

5月27日

自分の足で

右手を取って彼を立ち上がらせた。すると、たちまち、その男は足やくるぶしがしっかりして、躍り上がって立ち、歩き出した。

使徒言行録三章七、八節

人は往々にして、他にもたれかかりながら生きているものであります。だれかが悪い、だれかのせいだ、と言いながら。

自分の足で立つ——自分で決断し責任を負う生き方、それは厳しいことでありますが、充実した人生はそこにあります。

他人のせいにして責任を負わない者は、生の深い喜びを知ることができません。

天にとどまる

このイエスは、……万物が新しくなるその時まで、必ず天にとどまることになっています。

使徒言行録三章二一節

「天」は統治する座を示しています。イエスが天にとどまっておられるのは、地上にある教会をとりなし、その働きを支えるためであります。神の国の働きは容易なものではありませんが、決して孤立無援ではありません。大いなる「天」に支えられて、そのわざは進められているのです。

癒される信仰

パウロは彼を見つめ、いやされるのにふさわしい信仰があるのを認め、「自分の足でまっすぐに立ちなさい」と大声で言った。

使徒言行録一四章九、一〇節

信仰とは、神を待ち望むことであります。
神は求める者に何事かをなすべく身構えておられる方だからであります。悲しみ、嘆き、あきらめているだけの人間に対しては、神は何ひとつなし得ないのであります。

断食して祈り

教会ごとに長老たちを任命し、断食して祈り、彼らをその信ずる主に任せた。

使徒言行録一四章二三節

第一回伝道旅行の帰り、パウロとバルナバは辿って来た道をもう一度引き返し、誕生したばかりの教会をひとつひとつ訪ねました。依然として困難と迫害の中に立つ教会のことを思い、パウロたちにはぬぐい切れない不安があったにちがいありません。

しかし、彼らは「断食して祈り」、諸教会を主の御手に任せました。信仰があるから任せることができたというのではありません。「断食して祈り」、ようやく任せることができたのです。

何事であれ、祈りなしに主にゆだねることはできません。

主に任せる

断食して祈り、彼らをその信ずる主に任せた。

使徒言行録一四章二三節

祈って、主に任せた、ということが大切なことであります。主に任せるということは簡単にできることではありません。人は不安や心配事を握りしめて、なかなか手放せないのであります。

祈って手放すのであります。

祈って、神にゆだねて、次のステップに踏み出していくことができるのであります。

6月

June

与えてくださる神

何か足りないことでもあるかのように、人の手によって仕えてもらう必要もありません。すべての人に命と息と、その他すべてのものを与えてくださるのは、この神だからです。

使徒言行録一七章二五節

神は、人間に仕えてもらわなければ困る、そんな方ではありません。神は与える神であります。

人間は、神に命と息とその存在に必要なすべてのものを与えていただいているだけの者であります。その与えてくださる神に、感謝して応える礼拝と奉仕をするのです。

神のために何か良いことをしてあげている、というような考え違いをしてはなりません。

ゆだねる

そして今、神とその恵みの言葉とにあなたがたをゆだねます。

使徒言行録二〇章三二節

三年間、厳しい迫害の中を、パウロと苦楽を共にしてくれたエフェソの教会のことを思うと、この地を立ち去ることは身を切られるようにつらいことでした。でも、立ち去らなければなりません。

どんなに尽くし、愛した教会でも、それを自分の手に握りしめてはならないのです。「神とその恵みの言葉」が教会を建てるのです。だれか有力な人物が、ではありません。

キリストの体

わたしは地面に倒れ、「サウル、サウル、なぜ、わたしを迫害するのか」と言う声を聞いたのです。

使徒言行録二二章七節

サウルは教会とキリスト信者を迫害しているつもりでした。しかし、彼が天からの光に照らされ、地に倒されたとき聞いたのは、「なぜわたしを迫害するのか」という声でした。復活のキリストは、そこにある教会と切り離すことのできない仕方で生きて働いておられる方なのだ、ということを知らされたのです。

のちに使徒となった彼は、教会の信者たちを励まして言いました。「あなたがたはキリストの体」（コリントの信徒への手紙一、一二章二七節）である、と。

神の言葉は前進する

ある者はパウロの言うことを受け入れたが、他の者は信じようとはしなかった。

使徒言行録二八章二四節

神の言葉が語られるところではいつでも起こることであります。ある者は受け入れ、他の者は拒むのです。みんなの人に喜んで迎えられるなんてことはありません。反対の中を貫いて、信じる者たちも生み出されてゆくのであります。

神の言葉はさえぎるもののある中を「前進」します。

神の力

十字架の言は、滅び行く者には愚かであるが、救にあずかるわたしたちには、神の力である。

コリント人への第一の手紙一章一八節（口語訳）

「十字架の言」とは、キリストの十字架が語りかけているメッセージであります。十字架はこの世の人間の目には弱さ、敗北としか映りません。しかし、それは罪の人間を救うためにふるわれた、たぐいのない神の力でありました。キリストの十字架の苦しみにおいて、神は力をふりしぼっていてくださるのです。

宣教の愚かさ

神は、宣教の愚かさによって、信じる者を救うこととされたのである。

コリント人への第一の手紙一章二一節（口語訳）

キリストは奇跡やしるしによって人を救おうとはされませんでした。十字架の苦難によって救いの御わざを全うされたのであります。それゆえ楽に、効率的に、十字架を宣べ伝えることはできません。

宣べ伝える者自身が人の罪を悲しみ、自らの痛みとしてゆくという十字架を負わなければなりません。

古いパン種

わずかなパン種が練り粉全体を膨らませることを、知らないのですか。……古いパン種をきれいに取り除きなさい。

コリントの信徒への手紙一、五章六、七節

町の有力者が教会に入ってきました。彼は社会の価値観や常識を教会の中に持ち込みました。彼が名士であるという理由で人々はそれを見逃しました。

ひとりの人間の罪悪（「みだらな行い」一節）を容認することで腐敗はたちまち教会全体に及びます。そういう容認は愛でもなければ寛容でもありません。捨てるべきものをきっぱりと捨てることで教会は生きるのです。

捨てなければ、死にます。

結婚の愛

妻は自分の体を意のままにする権利を持たず、夫がそれを持っています。同じように、夫も自分の体を意のままにする権利を持たず、妻がそれを持っているのです。

コリントの信徒への手紙一、七章四節

結婚とは相手にしばられることでありますが、自分の体だから自分の自由、ということにはなりません。自分のものは相手のためにもあるものであります。相手に対して責任がある存在となったのです。

不自由といえば不自由です。しかし、そのように互いを引き受けるということの中でのみ深められていくのが結婚の愛であります。

関わり

世と交渉のある者は、それに深入りしないようにすべきである。なぜなら、この世の有様は過ぎ去るからである。

コリント人への第一の手紙七章三一節（口語訳）

世との交渉なしに生きることはできません。しかし、抜き差しならないほどの深い関わりをつくってはならない、と申します。この世に自分の運命をあずけてしまうような。

この世の有様は過ぎ去りつつあり――神の時はしだいに来たりつつある。そういう時間をわたしたちは生きているからであります。

「後《うしろ》のものを忘れ、前のものに向かってからだを伸ばしつつ」（ピリピ人への手紙三章一三節［口語訳］）走り抜きます。

奴隷になる

わたしは、だれに対しても自由な者ですが、すべての人の奴隷になりました。

コリントの信徒への手紙一、九章一九節

奴隷に「される」のではありません。奴隷に「なる」のです。奴隷に「される」のは屈従ですが、進んで奴隷に「なる」のは精神の自由がなければできないことであります。

イエス・キリストは罪人を救うために、罪人の奴隷となる道を選ばれました。あえて奴隷と「なる」行為なしに十字架の福音は伝えられない、ということであります。

ふさわしくないままで

ふさわしくないままでパンを食し主の杯を飲む者は、主のからだと血とを犯すのである。

コリント人への第一の手紙一一章二七節（口語訳）

聖餐において人は自分の罪人たることを認めるのであり、その罪が「主のからだと血」とによって贖われていることを認めるのであります。十字架の主に対する感謝の思いなしに、これにあずかってはならない、というのであります。

「ふさわしくない」とは罪があるということではありません。罪の自覚なしに聖餐にあずかることを言うのです。

弱い部分をめぐって

わたしたちは、体の中でほかよりも恰好が悪いと思われる部分を覆って、もっと恰好よくしようとし、見苦しい部分をもっと見栄えよくしようとします。コリントの信徒への手紙一、一二章二三節

人の世の交わりは、強い人の周りに、強い人に仕える、という形で形成されます。

キリストの体である教会の交わりは、そうではありません。弱い部分をめぐって、それを支えるという形で、体の各肢体は働き、役割を果たすのです。

6月13日

愛はいらだたず

愛は……いらだたず、恨みを抱かない。

コリントの信徒への手紙一、一三章四、五節

愛が理解され、受け入れられるとすれば、それは容易なわざであります。しかし、愛はしばしば誤解され、曲解され、裏切られてしまいます。だから愛はいらだちとなり、恨みとさえなるのであります。愛は挫折します。挫折しない愛が神の愛であります。背かれても裏切られても差し出されている神の愛によって、わたしたちは救われているのです。だから、愛に至るために、わたしたちはたゆみない修練をしなければなりません。

知る

その時には、わたしが完全に知られているように、完全に知るであろう。

コリント人への第一の手紙一三章一二節（口語訳）

神がわたしたちを「知る」ということは、腹の底まで見すかしているというような意味ではありません。「知る」ということは、愛するということと結びついているのであります。

愛することによって理解する――これが神がわたしたちを知っていてくださるということであります。分析や研究によって人を知ることはできません。受け入れて初めて「知る」ということは始まるのであります。

6月15日

患難を受けても

わたしたちは、四方から苦しめられても行き詰まらず、途方に暮れても失望せず、虐げられても見捨てられず、打ち倒されても滅ぼされない。

コリントの信徒への手紙二、四章八、九節

福音が伝えられるとき、四方から患難や、困難や、迫害が起こります。袋小路に入った具合です。

しかし、伝道する者はその所で支えられ、励まされ、生かされます。行き詰まりのさ中で、伝道する者が生かされる。そういう仕方で福音はいつでも伝えられてゆくのであります。

悲しみ

神の御心に適った悲しみは、取り消されることのない救いに通じる悔い改めを生じさせ、世の悲しみは死をもたらします。

コリントの信徒への手紙二、七章一〇節

二種類の悲しみについて言われています。

悔い改めにつながる悲しみと、そうでない悲しみであります。

ただ嘆いたり、ためいきをついたりするだけの悲しみは、人をしだいに打ちのめしてゆきます。

神のもとでの悲しみは、人を悔い改めに導きます。悔い改めつつ、人は変えられてゆくのであります。

踏み込む

主は豊かであったのに、あなたがたのために貧しくなられた。それは、主の貧しさによって、あなたがたが豊かになるためだったのです。

コリントの信徒への手紙二、八章九節

献金の話であります。献金は文字どおり献げる行為であります。神に自らを献げるのです。料金を差し出す行為とは根本的に違います。自ら痛み、献げることによって、神の中にひとつ深く踏み込むのです。

イエス・キリストは、自らを与え尽くすことによって、罪人の中に深く踏み込んでくださいました。

共に弱る

だれかが弱っているのに、わたしも弱らないでおれようか。

コリント人への第二の手紙一一章二九節（口語訳）

健康を求め過ぎているのかもしれません。
快適を求め過ぎているのかもしれません。
病んでいる世界の病巣のどこかに関わりながら、
自分も痛みながら生きることが、
人間としての健全さかもしれません。

悔い改め

以前に罪を犯した多くの人々が、自分たちの行った不潔な行い、みだらな行い、ふしだらな行いを悔い改めずにいるのを、わたしは嘆き悲しむことになるのではないだろうか。

コリントの信徒への手紙二、一二章二一節

悔い改めとは、ギリシア語で向きを変えるという意味の言葉であります。闇を見ていた人間が神の方に向くのです。神の方を向くとき、光が内を照らします。ゆがみ、屈折が見えてきます。自分の内部が見えるとき、神の癒しが始まっています。

教会は悔い改めという一点において生きているのです。悔い改めがなければ、教会は塩味を失った塩となり、世に何の役割も果たせない存在となります。

喜びと完全

喜びなさい。完全な者になりなさい。

コリントの信徒への手紙二、一三章一一節

完全主義者というのは、えてして不機嫌なものであります。不完全な人間をゆるすことができないのです。信仰の完全は完璧ということではありません。自己の存在を喜び、他者の存在を喜ぶことであります。

欠けある者たちが、お互いに神の赦しの光の下に生かされていることを喜ぶのです。どんな正しさもそうした喜びにまさるものではありません。

神から知られている

今は神を知っている、いや、むしろ神から知られている……。
ガラテヤの信徒への手紙四章九節

幼児は母親の視野の中で夢中になって遊びます。母親の視野の中でぐっすりと眠ります。母親がそばにいないと気づいたとき、幼児はパニックになります。遊ぶことも眠ることもできなくなります。

信仰とは、神の揺るがない視野の中に自分があることを知っていることであります。だから、精一杯生き、労し、眠るときには眠ります。

隣人と自分

律法全体は、「隣人を自分のように愛しなさい」という一句によって全うされるからです。

ガラテヤの信徒への手紙五章一四節

自分を愛するように、隣人をも愛さなければならないのか、と人は思うかもしれません。

けれども、隣人を愛することなしに正しく自分を愛することはできない、と言うのです。隣人を憎み、排除するとき、必ずどこかで深く自分を傷つけています。

自分を愛し、隣人を憎む、そんな器用なことは人間にはできません。

6月23日

霊の導き

霊の導きに従って歩みなさい。そうすれば、決して肉の欲望を満足させるようなことはありません。

ガラテヤの信徒への手紙五章一六節

信仰は自分の決意や意志によって歩む生活ではありません。霊に導かれる生活であります。「この道を行こう」と定めて前途を切り開いていくのではありません。霊が導いてくださるところに道ができるのです。神の民イスラエルが神に導かれつつ道なき荒野に道を見出していったように。導かれて歩いた跡が神の約束の地につながる道となったのです。

何者でもない

実際には何者でもないのに、自分をひとかどの者だと思う人がいるなら、その人は自分自身を欺いています。

ガラテヤの信徒への手紙六章三節

信仰生活は言うまでもなく、神を知る生活でありますが、同時に自分が見えてくる生活でもあります。自分が見えてきて、人のことを裁けなくなるのであります。人のことを裁けなくなってゆく過程で、神の言葉はしだいに深く心の中に染み渡ってゆきます。

愛に根ざして

愛に根ざして真理を語り、あらゆる面で、頭であるキリストに向かって成長していきます。

エフェソの信徒への手紙四章一五節

真理を伝える姿勢について言われています。真理はうまく説明すれば伝わるという性質のものではありません。人の魂を思いやる愛において伝えられるものであります。愛に根ざして語ることによって、語る者自身が育てられていくのです。

無知な人に教えるという姿勢では、語る者自身が育てられることはありません。

肉の命

一方では、この世を去って、キリストと共にいたいと熱望しており、この方がはるかに望ましい。だが他方では、肉にとどまる方が、あなたがたのためにもっと必要です。

フィリピの信徒への手紙一章二三、二四節

生きていたいから生きる、そういうこともあるでしょう。しかし、そうでなくても生きていかなければならないこともあるのです。だれかのために生きるべく命が与えられていることが。――それは楽なことではありませんが、そこでこそ人は命の意味を深く知らされるのです。

他人のことにも

めいめい自分のことだけでなく、他人のことにも注意を払いなさい。

フィリピの信徒への手紙二章四節

自分のことで頭がいっぱい、多くの人はそういう思いで生きています。自分のことは考えてはならない、と言われているのではないのです。ただ、「他人のことにも注意を払」うのです。「注意を払」えば、他人は他人でそれぞれの重荷を抱えていることがわかります。共感が生まれます。他者との共感が祈りの輪をつくり、交わりを深めます。

祈っていただく

わたしたちが道に外れた悪人どもから逃れられるように、と祈ってください。

テサロニケの信徒への手紙二、三章二節

理性と意志の力で悪を避ける、ということもあるでしょう。しかし、すべての悪を、というわけにはいきません。ちょうど空気の悪いところで呼吸ができなくなるように、理性も意志の力も麻痺してしまう地点があります。そのとき人間は、羅針盤を失った船のように漂い始めます。船の外からの風が——祈りが船を方向づけるということが起こります。

「祈っていただく」、そのことなしにはだれも——使徒さえも——信仰の道を歩むことはできません。

隠れた行為

同じように、良い行いも明白です。そうでない場合でも、隠れたままのことはありません。

テモテへの手紙一、五章二五節

だれの目にも明白な良い行いというものがあります。それは人を励まします。しかし、そうでない良い行いもあります。人知れず行われる祈り、献身、奉仕です。そうした良い行いはやがて現れてきます。地下水が泉となって湧き出るように。

教会を輝かせているものは、そうした隠れたところで黙々と行われる行為であります。

信心に一致する真理

わたしが使徒とされたのは、神に選ばれた人々の信仰を助け、彼らを信心に一致する真理の認識に導くためです。

テトスへの手紙一章一節

信心は思い込みではありません。信心は真理の認識と結びついていなければなりません。真理である方（イエス・キリスト）と出会い、この方を深く知ることが、すなわち信心が確かなものにされるということです。

7月

July

時が来れば

ときが巡り来れば実を結び……。

詩編一篇三節

季節がめぐって木々は実をみのらせるのであります。暑さも寒さも、雨も風もくぐらなければなりません。時が必要です。よく待ち通したものが人生の実をみのらせることができるのです。

結果を急いですべてを台なしにしてはなりません。木々にみのりの季節があるように、神はだれにでも、それぞれのみのりの時を備えてくださるのです。

眠り、また目覚める

身を横たえて眠り
わたしはまた、目覚めます。
主が支えていてくださいます。
いかに多くの民に包囲されても
決して恐れません。

詩編三篇六、七節

神を信じる者は眠ります。敵に反撃し倒すというのではなく、敵をも支配しておられる方を信じ、ゆだねて眠ります。「眠り……また、目覚める」悠然たる日常の外側で、敵の包囲は、しだいに崩れていきます。

朝ごとに

主よ、朝ごとにあなたはわたしの声を聞かれます。

詩篇五篇三節（口語訳）

自分の思いや決意から一日を始める、というのではありません。
神に呼びかけることからいっさいを始めるのであります。
ひとりで始めるのではなく、
神と共に始めることができる――
それがわたしたちのさいわいであります。

主よ、立ち帰り

主よ、立ち帰り
わたしの魂を助け出してください。

詩編六篇五節

自分で、帰って行けるものなら帰りたいのです。

しかし、自分の罪のために落ち込んだ深い淵であれば帰る力も術もありません。

だから祈るのです。「主よ」わたしのもとに立ち帰ってくださいと。

わたしたちの神は、「失われたものを捜して救」って（ルカによる福音書一九章一〇節）くださる神であるからです。

幼子《おさなご》の賛美

あなたの栄光は天の上にあり、
みどりごと、ちのみごの口によって、
ほめたたえられています。

詩篇八篇一、二節（口語訳）

幼子が言葉によって賛美するわけではありません。その存在の仕方によってほめたたえているのであります。世のだれよりも弱く無防備な彼らが、世の何者よりも深い安らぎの中で生きています。
幼子は神の栄光を全身でたたえているのであります。

尋ね求める人

あなたを尋ね求める人は見捨てられることがない。

詩編九篇一一節

神を「尋ね求める」とは、探求するとか考察するとかそんな高尚なことではありません。現実の生活の中で問題が起こるたびに弱り果て、行き詰まって、神を求めないではいられないのです。

弱者であると言われれば、そのとおりであります。その弱者を神が見捨てられないという一事においてだけ、信仰者は立っているのであります。

はかりごとと信仰

異邦の民は自ら掘った穴に落ち
隠して張った網に足をとられる。

詩編九篇一六節

はかりごとによって生きようとする者は、自分のはかりごとに足をとられてしまいます。巧妙に道を開こうとして、道は錯綜し、つまずくのであります。

神が開いてくださる道を信じなければなりません。信仰とは神のはかりごとに自分を賭けて歩むことであります。

人のはかりごとは浅く、神のはかりごとは深いのです。

貧しい人に耳を傾け

主よ、あなたは貧しい人に耳を傾け
その願いを聞き、彼らの心を確かにし
みなしごと虐げられている人のために
裁きをしてくださいます。

詩編一〇篇一七、一八節

神は貧しい人の祈りを聞き、その願いに耳を傾けてくださいます。

強い者の祈りは聞かれないのでしょうか。

強い者は祈らないのです。よるべない者は神に正しい裁きを求めて声を上げますが、力によって他者を支配している者が祈ることはありません。

貧しく、よるべなく祈る者があるから、神はこの世界を裁かれず放置されることはないのです。

主は避けどころ

主を、わたしは避けどころとしている。
どうしてあなたたちはわたしの魂に言うのか
「鳥のように山へ逃れよ。……」と。

詩編一一篇一節

心の中の誘惑者は言うのです。「鳥のように山へ逃れよ」。問題は深刻、敵は強力、耐えられない試練だ、と。

逃げることを考え続けて、逆説のようですが、人は逃げられなくなってしまいます。困難な現実に顔を向け、踏み込んで行くとき、ないと思っていたところに道が見えてきます。神を「避けどころ」とする者は現実からは逃げないのです。

隠れる人

御もとに隠れる人には
豊かに食べ物をお与えください。
詩編一七篇一四節

信仰とは単純に、神の「御もとに隠れる」ことであります。それができないで、悪戦苦闘し、自分を消耗しているのがわたしたちであります。「御もとに隠れる人」は、そこで「豊かに食べ物を与えられ」、養われるのです。

信仰者は頑張ることにおいてではなく、「隠れる」ことによってこそ養われ、強められるのであります。

岩、砦、逃れ場

主よ、わたしの力よ、わたしはあなたを慕う。
主はわたしの岩、砦、逃れ場

詩編一八篇二、三節

岩と言い、砦と言い、逃れ場と言います。いずれもそれは、人が難を避ける場所であります。神は、何よりも人がそのもとに逃れるべき方だと言われています。

人生は困難に満ちた旅であります。そして人間はもろい。強がる必要はありません。ことあるごとに主のもとに逃れ、主の守りをいただきながら荒野を行くのです。

無垢な人には無垢に

無垢な人には無垢に
清い人には清くふるまい
心の曲がった者には背を向けられる。

詩編一八篇二六、二七節

神の御わざは単純で澄み切っています。曲がった心で見るとき、それは見えなくなってしまいます。単純な心で見ればよいのです。しかし、人間にはそれが一番むつかしい。考えれば考えるほど屈折してしまいます。祈る、ということの中でだけ、人は単純にされていきます。神の豊かさは、単純になればなるだけ見えてくるのです。

羊飼いの鞭と杖

あなたの鞭、あなたの杖
それがわたしを力づける。

詩編二三篇四節

羊飼いの鞭と杖は狼などの襲撃から羊を守るためのものであります。そういう意味で羊にとっては心強い。

しかしそれだけではありません。もっとしばしば羊を打ち叩くために使われるのであります。羊が危険に近づいたり、迷い出て群れから離れるとき、羊の背を打ちます。それは羊にとってはとても痛いことだけれど、その痛さの意味を知らされる時が来るのです。

主の鞭と杖なしには、だれも信仰の道を歩むことはできないのです。

死の陰の谷

たといわたしは死の陰の谷を歩むとも、
わざわいを恐れません。
あなたがわたしと共におられるからです。

詩篇二三篇四節（口語訳）

人生には、にぎやかな通りがあり、静かな小道があります。山があり、野があります。しかし、人はいつか死の陰の谷を歩かなければなりません。そのときにはだれもそばにいません。
そのとき、わたしたちの魂の傍らに立つことのできるのは、贖い主なる神だけであります。

食卓

わたしを苦しめる者を前にしても
あなたはわたしに食卓を整えてくださる。
わたしの頭に香油を注ぎ
わたしの杯を溢れさせてくださる。

詩編二三篇五節

敵を前にして「わたし」は恐れます。敵を前にして免れることばかり考えます。敵を前にして、もしこんな現実でなかったらと、他愛のない仮定に逃げ込んで引き下がろうとします。

しかしそのとき、神はわたしに「食卓」を整えてくださいます。「食べよ」と。「食べて生きよ」と。「敵に向かってまっすぐに出て行け」と。

地と世界

主は、大海の上に地の基を置き
潮の流れの上に世界を築かれた。

詩編二四篇二節

人の生きる「地」と「世界」はなんという危うく脆いものの上に据えられていることでしょう。その基は大海の上にあり、潮の流れの上に築かれているというのです。ただ、神が決意をもって、地と世界をそこに置いてくださっていることにおいて立っているのであります。

人の生を根源から支えているのは、この「地」ではなく、地を据えられた方であります。

主に目を注ぐ

わたしはいつも主に目を注いでいます。
わたしの足を網から引き出してくださる方に。　詩編二五篇一五節

日常とは足を網に捕らえられるような日々のことであります。わずらわしいことがいっぱい。逃れようともがけばもがくほど網にからめ取られてしまいます。

捕らえられたそのままの姿で、神に顔を上げるのです。その名を呼び求めます。いつか網から引き出されています。

欺きのない人

いかに幸いなことでしょう。
主に咎を数えられず、心に欺きのない人は。

詩編三二篇二節

主の赦しを知らない人は罪咎を隠し、たえず自分に言い訳したり、弁解したりしながら生きていかなければなりません。疲れ果てます。「欺きのない人」とは、光のもとに引き出され、もはや逃げも隠れもしない人のことであります。そのとき人間は真実楽になるのです。

7月19日

主を仰ぎ見る

主を仰ぎ見る人は光と輝き
辱めに顔を伏せることはない。

詩編三四篇六節

主を仰ぎ見るのは助けを求めるためであります。彼が何をしたというわけではありません。何もできないから、神を仰ぎ続けてきた、ただそれだけであります。

不思議なことです。人はそんなふうにして輝くのです。

舌を制する

舌を悪から
唇を偽りの言葉から遠ざけ
悪を避け、善を行い
平和を尋ね求め、追い求めよ。

詩編三四篇一四、一五節

柔道は受け身から教わるものだと聞きました。身を守る術を学び、それから攻めを学ぶのであります。

人間の肢体の中で、最も罪に弱い器官は舌であります。まず自らの舌を制することから始めよ、というのであります。それが悪を避ける第一歩。

人々との平和はその上につくり出されていくものであります。

天に、大空に

主よ、あなたの慈しみは天に
あなたの真実は大空に満ちている。

詩編三六篇六節

目を上げれば広大な空、見つめれば無窮《むきゅう》の天。この無辺の頭上に、神の慈しみと真実は満ちています。わたしたちの器では受け止め切れないのです。溢れるのです。そうやって人は圧倒的な神の慈しみと真実の中を、生かされているのです。

神のご配慮が小さくてわからないのではありません。圧倒的で受け止めかねているのです。

裁き

あなたの裁きは大いなる深淵。

詩編三六篇七節

もし、神が地上の出来事のすべてを眺めておられるだけだとすれば、希望はありません。一切のことは「なるようになる」だけであります。しかし、神は生きておられ、裁きを行われます。

ただ、その裁きは人の目にただちにわかる形で行われるのではなく、人の思いをはるかに超えた形で、根源的に行われるのです。わたしたちの期待よりもはるかに正しく。

神の裁きとは、神がご自身の秩序を立てられる御わざであります。

7月23日

悪

悪をなす者のゆえに、心を悩ますな。　詩篇三七篇一節（口語訳）

ここで「心を悩ます」というのは、うらやんだり、怒ったりすることであります。人は悪を行う者に対し、怒りすぎて足をすくわれるのであります。こだわり続けるより、自分のなすべき善を行うこと。

悪にいらだって悪を克服することはできません。

一歩一歩

主は人の一歩一歩を定め
御旨にかなう道を備えてくださる。

詩編三七篇二三節

見通しの効く道を歩ませていただけたら、どんなに嬉しいことでしょう。しかし、神はそんな道を備えてくださいません。ただ今日一日、目の前の一歩を備えてくださる。神が開いてくださる一歩一歩を踏みしめて、命に向かうのです。一気に駆け抜ける、というわけにはいきません。

そこにいまして

苦難のとき、必ずそこにいまして助けてくださる。

詩編四六篇二節

苦難のとき、訴えを聞き、状況をつぶさに知った上で、いつか助けに来てくださるというのではありません。

苦難のとき、その苦難のさ中に共にいてくださり、共に苦しみを担ってくださり、その苦難を一緒に歩いて助け出してくださるというのです。

インマヌエル（神われらと共にいます）と呼ばれる救い主は「必ずそこに」います方であります。

力を捨てる

力を捨てよ、知れ
わたしは神。
国々にあがめられ、この地であがめられる。

詩編四六篇一一節

人はまことに弱いものであります。にもかかわらず、「自分だけが頼りだ」とばかり自分の小さな力にしがみついています。自分の力を捨てなければ神の力を知ることはできません。

水に自分を任せることができなければ、浮かせる水の力を知ることができないように。

悟り

人間は栄華のうちに悟りを得ることはない。　詩編四九篇二一節

成功、栄達、繁栄。自信、満足、おごり。高い所に立てば何もかもが見渡せます。人がみな小さく見えます。なるほど、世の中こういうものかと思います。爽快です。

しかし、そのとき、彼には何も見えていないのです。真実は何ひとつ見えていません。目が眩んでいるからです。砕かれて、低くされて初めて見えるもの、それが真実です。目の曇りが取れて。

栄光を輝かす

わたしを呼ぶがよい。
苦難の日、わたしはお前を救おう。
そのことによって、
　お前はわたしの栄光を輝かすであろう。
詩編五〇篇一五節

神の民であるしるし、それは特別な能力を持っているということではありません。ただ単純に、神の名を呼んでいるということであります。熱心だからそうするのではありません。弱くてつまずき多い民だから、神を呼ばないでは生きていくことができないだけなのです。

そうやって、日々この民を救い出しながら、神はご自身の栄光を現されるのです。

7月29日

行いを慎む

自分のおこないを慎む者にはわたしは神の救を示す。

詩篇五〇篇二三節（口語訳）

なすべきことをなし、なすべからざることをしないということは、大切なことであります。神の助けを信じられないとき、人は余計な行動をしてしまうのであります。

そうして何かを壊してしまいます。

砕かれる

しかし、神の求めるいけにえは打ち砕かれた霊。
打ち砕かれ悔いる心を
神よ、あなたは侮られません。

詩編五一篇一九節

力によって困難を乗り切るということもあるでしょう。しかし、人生にはどんな力をもってしても、こえられない問題もあるのであります。力をふるえばふるうほどこじれてしまうのです。
自分が砕かれて、ゼロにされて、初めて開かれてゆく道があります。

注ぎ出す

どのような時にも神に信頼し
御前に心を注ぎ出せ。

詩編六二篇九節

容器が倒れて水が流れ出してしまうように、神に向けて心のありったけを注ぎ出すのです。不安も悩みも恐れも憤りも。

それが神を信じるということです。信仰は不動の強さではありません。弱さがありのまま神の前にさらけ出されることであります。

心が注ぎ出されて、支えられる経験をします。母親の胸で泣いた子供が不思議な温かさに包まれるように。

8月

August

神の庭

いかに幸いなことでしょう
あなたに選ばれ、近づけられ
あなたの庭に宿る人は。

詩編六五篇五節

神はアダムとエバを創造し、エデンの「園」に置かれました。神に贖い出された人間は神の「庭」に宿ります。園も庭も、安らう場所であります。木々や草花や水の流れが人の命を潤します。神の恵みの数々を喜び楽しむためにこそ、神はわたしたちをこの庭に呼び出してくださったのです。

連れ帰る

バシャンの山からわたしは連れ帰ろう。
海の深い底から連れ帰ろう。

詩編六八篇二三節

昔、神はエジプトからその民を約束の地へと救い出されました。神は「連れ帰る」神であります。どんな山の高みに取り残されていようとも。どんな海の深みに引き込まれていようとも。この世に神の手の届かない地点はありません。いかなる失意の最果てにあっても、祈りの旗を立てて揺るがず待ち続けたいと思います。

驚き

多くの人はわたしに驚きます。
あなたはわたしの避けどころ、わたしの砦。

詩編七一篇七節

人は驚きいぶかるのです。なぜ彼はあのように立ち続けているのか、と。世の力も知恵ももたず、人にまさる精神力さえもっているわけではないのです。

ただ避難する場所をもっている、その一点においてだけわたしたちは立っており、神を証しし続けているのです。

信仰の悲哀

「彼らのように語ろう」と望んだなら
見よ、あなたの子らの代を
裏切ることになっていたであろう。

詩編七三篇一五節

いっそ、世の人の中にまぎれ込んだら楽になるだろうと思うのでありま
す。人々が喋べるように喋り、人々が囃《はや》すように囃し立てたら楽だろうと
思うのであります。

神を畏れるゆえに、どうしても仲間になり切れないつらさがあるのです。
真実を求めるゆえに、妥協できない一線というものがあるのです。

そのような信仰の悲哀の中で、神共にいますという信仰の慰めを経験し
ます。

神の道

あなたの道は海の中にあり
あなたの通られる道は大水の中にある。

詩編七七篇二〇節

万策尽きて立ち尽くすしかない場所、そこから神の道は始まります。だれも自分と共に立つことのできないつらい地点、そこから神の道は開けます。

神の道は、人間の不可能の闇を貫いて前進する、細い一本道であります。

神の声を聞く

わたしの民はわたしの声を聞かず
イスラエルはわたしを求めなかった。

詩編八一篇一二節

神の声を聞くことと、神に祈ることとは、分けることができません。
神に聞かなくなるとき、人は祈れなくなるのです。
神に聞くことは光の中に立つことに似て、
神に自分をさらすことであります。
あるがままの自分を神にさらせなくなったとき、
人は祈れなくなります。

心に広い道

いかに幸いなことでしょう。
あなたによって勇気を出し
心に広い道を見ている人は。

詩編八四篇六節

現実は悲劇的でした。捕囚の民として、いつ故国に帰ることができるか、見通しはいっさいありませんでした。

しかし、神にある現実に目を開かれるとき、そこに帰りゆくべき広い道を見ることができました。

いつ、いかなる状況のなかでも、「心に広い道を見ている」のが信仰者です。

地の実り

主は必ず良いものをお与えになり
わたしたちの地は実りをもたらします。

詩編八五篇一三節

天から陽が照り、雨が降り、風が送られて、地はものを生み出します。
降り注ぐ天の恵みにうながされて、地は生命を育てます。
人間もそうです。
なくてならぬものを天から受け取りながら、
自分の小さな花を咲かせるのです。

8月9日

一筋の心

御名を畏れ敬うことができるように
一筋の心をわたしにお与えください。

詩編八六篇一一節

「一筋の心」とは、神に向かう心です。試練の時も、悩みの日も、神に向かうのです。誘惑にさらされた時も、罪に落ちた日も、逃げないで、神に向かうのです。厚い雲のはざまから、光はやがて射し初めます。

苦難のヨブは嘆きましたが、神に向かって嘆きました。怒りましたが、神に向かって怒りました。涙は神の前で流しました。気がつくと神の大きな手の中に、彼はいました。

罠の中を

神はあなたを救い出してくださる
仕掛けられた罠から、陥れる言葉から。

詩編九一篇三節

どこから何が飛んでくるかわからない人生の路上では、どんな用心深い人でもまことに無力であります。「うしろに目はついていない」からです。わたしたちに計算できない「仕掛けられた罠」「陥れる言葉」が張りめぐらされています。深刻に考えたら、歩けないでしょう。

しかし、わたしたちは断固として進むのです。わたしたちに見えない罠を神が見ていてくださることを信じて。

御計らい

主よ、御業はいかに大きく
御計らいはいかに深いことでしょう。
愚かな者はそれを知ることなく
無知な者はそれを悟ろうとしません。

詩編九二篇六、七節

愚かな者、無知な者とは、自分の思い、自分の計画の中でだけ生きている人間のことであります。思いどおりにならず計画が崩れると絶望してしまいます。

信じるということは神の御わざの大きさを信じることであり、神のご計画の深さを信じることであります。たとえ自分の計画が破綻したとしても、神の大きな御計らいの中になお、自分が生かされていることを信じるのです。

もし神が

主がわたしの助けとなってくださらなければ
わたしの魂は沈黙の中に伏していたでしょう。　詩編九四篇一七節

もし神がおられなければ――正しいことを求めることは無駄なことであります。力の強い者だけが勝つのです。

もし神がおられなければ――どんなに忍耐をしても報われることはないでしょう。

もし神がおられなければ――人はあきらめて沈黙するしかありません。

しかし、神はおられます。世の片隅の馬小屋に来られた神は、どんな貧しい者の声にも耳を傾け、応えてくださるのです。

とりなし

主の祭司からはモーセとアロンが
御名を呼ぶ者からはサムエルが、主を呼ぶと
主は彼らに答えられた。

詩編九九篇六節

とりなす者の祈りに神が答えてくださる、それが神と神の民をつなぐきずなでありました。とりなしという一点において神の民は神の民であり続けることができるのです。とりなしの祈りがあるということが教会のいのちであります。何にもまして、わたしたちの先頭に立ってとりなしの祈りをささげ続けていてくださる「大祭司イエス」（ヘブライ人への手紙）の下で教会は生かされ続けているのだ、ということを忘れてはなりません。

家庭

わたしは直き心をもって、わが家のうちを歩みます。

詩篇一〇一篇二節（口語訳）

王は家の中に安らぎをもっているというのであります。彼は外に出て、外で人々をうまく治めようというのではありません。わが家の中が殺伐としていて、外をうまく治めることはできないのであります。

仕事は家の中から始まっています。

8月15日

喪失した者の祈り

主はすべてを喪失した者の祈りを顧み
その祈りを侮られませんでした。

詩編一〇二篇一八節

すべてを喪失したとき、祈りは悲鳴になり、絶叫になり、切実な問いになります。ちょうどヨブがそうであったように。
神が最も遠く思われるそのとき、祈りは神のふところ深くに届いているのです。手に多くのものを握りしめたままでは、祈りはどこにも届きません。

主を賛美するために

後の世代のために
このことは書き記されねばならない。
「主を賛美するために民は創造された」。
詩編一〇二篇一九節

主を賛美しなければならない、と命じられているのではありません。神は日ごとに新しい恵みを与え、民の口から賛美を引き出そうとしておられるのです。神は賛美を受ける形で民と出会うことを望まれます。

8月17日

滅びざるもの

かつてあなたは大地の基を据え
御手をもって天を造られました。
それらが滅びることはあるでしょう。
しかし、あなたは永らえられます。

詩編一〇二篇二六、二七節

古来人間は、悠久《ゆうきゅう》の天地の中で人間の生命といとなみのはかなさをうたい続けてきました。天を仰ぎ、地を眺めて、過ぎゆく己が存在を慨嘆しました。

しかし、その天も地も滅びるというのです。それらを創造された神の下では。神の中にだけ永遠は存在する、それが聖書のメッセージです。神という人格との出会いの中で、人間は永遠を味わいます。永遠を呼吸します。

神を礼拝すること、祈ること、賛美することの中にこそ、人間の至高の喜びがあるのです。

超える神

天が地を超えて高いように
慈しみは主を畏れる人を超えて大きい。

詩編一〇三篇一一節

「左手に富士が見えます」というアナウンス。一面の雲の間のどのあたりだろうと目をこらす。見えてこない。もう通り過ぎたかとあきらめて目を上げたとき、見えた。雲の上に半身を突き出した富士。その高さに、おおっ！　と思う。神のもとに生きる者はまさしくこの経験をする。

神の恵みの大きさに驚く。神の憐れみの大きさに泣かされる。神の忍耐の大きさに打たれ頽《くずお》れる。神はいつもその計りがたいスケールによってわたしたちを打ち砕き、かつ再生させてくださる。

御力

主とそのみ力とをもとめよ、……。

詩篇一〇五篇四節（口語訳）

御力を求めよ、と言われています。神は歴史の中に御力をもって介入され、ご自身を啓示されるからであります。

神は瞑想して知られるべき方ではなく、わたしたちの問題に満ちた、窮乏の生活の中で、御力をこい求めてゆくときに知られるのであります。

望みの港に

彼らは波が静まったので喜び祝い
望みの港に導かれて行った。

詩編一〇七篇三〇節

試練の波が襲うとき、行き先を見失い、自分がどこにいるのかわからなくなってしまいます。試練の中におられる神を信じて祈るほかありません。そして波が静まります。気がつけば、目指していた港に導かれているのです。

いつだって、試練は目標からわたしたちを遠ざけているように見えますが、決してそうではありません。「望みの港」に近づけているのです。

座す

わたしがあなたのもろもろの敵を
あなたの足台とするまで、わたしの右に座せよ。

詩篇一一〇篇一節（口語訳）

進めとか戦えとかいうのではありません。神はわたしたちをめぐる敵を必ず足もとに置いてくださいます。神は必ず勝利されます。そのことを信じて神のいと近くに座せよ、というのです。

信じて座していられるかどうかに、信仰の勝敗はかかっているのです。

しもべの賛美

主のしもべたちよ、ほめたたえよ。

詩篇一一三篇一節（口語訳）

主のしもべとは、主に仕える者のことであります。
主に仕える者が主をほめたたえるのであります。
神に仕える者が神をたたえ、
仕えない者がつぶやくのであります。

8月23日

脱出

イスラエルがエジプトをいで、
ヤコブの家が異言の民を離れたとき、
ユダは主の聖所となり、……。

詩篇一一四篇一、二節（口語訳）

イスラエルは脱出しなければなりませんでした。エジプトのしがらみから脱出し、自分の道を歩き始めたとき、彼らは神の民たる使命を果たし得たのです。

信仰とは、日常生活の中に埋没してゆく自分がたえず引き出されてゆく経験であります。

包囲のただ中で

蜂のようにわたしを包囲するが
茨が燃えるように彼らは燃え尽きる。

詩編一一八篇一二節

幾重にも敵に包囲されているそのただ中で踏みとどまるのです。意志が強いからではありません。ただ神にすがってひたすらに立っているだけでありあます。

そのようにわたしが倒れないとき、包囲する者たちが倒れます。

8月25日

魂の回復

わたしの魂は塵に着いています。
御言葉によって、命を得させてください。　詩編一一九篇二五節

肉体は汚れても魂は無垢であるという考えは聖書にはありません。肉の犯した罪のために魂も汚れてしまうのです。肉が汚れても美しい魂があるということであれば、そこから自分を回復することもできるでしょう。しかし魂も塵にまみれているとすれば、自力による回復の道はありません。

神の御言葉の光を魂に受け取ることから始めるのです。

卑しめられ

卑しめられたのはわたしのために良いことでした。
わたしはあなたの掟を学ぶようになりました。

詩編一一九篇七一節

よく考え、反省して、その結果、謙虚にされるというようなことは稀でありますます。多くの場合、撃たれ、砕かれて、初めて目覚めさせられるのであります。

そのとき厳しいと思った神の掟が、どん底で人間を支える力であることを知らされます。

灯《ともしび》

あなたの御言葉は、わたしの道の光
わたしの歩みを照らす灯。

詩編一一九篇一〇五節

神の御言葉は光でありますが、サーチライトのようなものではありません。足もとの一歩一歩を照らす「灯」なのであります。はるか前方を照らし出すことはありません。目の前のひと足ひと足をそのつど照らし出してくれるだけであります。

ですから、踏みしめてゆくという仕方でしか、恵みの道を歩むことはできないのであります。

裁きと憐れみ

主よ、あなたの憐れみは豊かです。
あなたの裁きによって命を得させてください。

詩編一一九篇一五六節

神は戒めを与えられるだけでなく裁きを行われる神であります。もし裁きがなければ、人はみな自分の好む道を選び、迷い出て、命を失うのです。神に裁かれ、打たれながら、命の道に繰り返し立ち帰らされます。

厳しい裁きの中に、神の「憐れみ」が込められていることを忘れてはなりません。

僕を探してください

わたしが小羊のように失われ、迷うとき
どうかあなたの僕を探してください。

詩編一一九篇一七六節

羊は方向感覚のにぶい動物であります。迷いやすい。小羊ならなおさらです。迷った羊は自分がどこにいるかわかりません。歩けば歩くほど迷い込んでしまいます。羊飼いに見つけてもらうしかありません。

わたしたちもそうです。自分で道を見出して帰ることなどできないのです。「あなたの僕を探してください」。これがわたしたちのたえざる祈りです。

保証

わたしが悩みのうちに、主に呼ばわると、
主はわたしに答えられる。

詩篇一二〇篇一節（口語訳）

信仰は安全地帯を歩くようなものではありません。闇の中を行くように、危機的な道を一歩ずつ辿るのであります。

神に呼ばわりながら。
神の答えを受け取りながら。
神に呼ばわり、神の答えを受け取ってゆく、その細い一筋の道以外の信仰の道はありません。

8月31日

足

どうか、主があなたを助けて
　足がよろめかないようにし
まどろむことなく見守ってくださるように。

詩編一二一篇三節

神はあなたに、まず幸運や成功を約束したりはなさいません。あなたの足を支えられます。日常の一歩一歩をしっかり踏みしめて歩けるように。命への道は、しっかり歩くところに開けてきます。

9月

September

味方

主がわたしの味方でなかったなら……。

詩編一二四篇一節

もし「神が味方でなかったら」、流れに棹《さお》さすように神に逆らって生きていかなければならないとしたら、人生は耐えがたいものであったでしょう。力尽きるまでの苦闘の連続ということになります。

しかし、神はわたしたちの味方であります。神はあの手この手で、わたしたちを（さまたげるのでなく！）祝福の世界へと導こうとしていてくださるのです。

網から逃れる鳥のように

仕掛けられた網から逃れる鳥のように
　わたしたちの魂は逃れ出た。
網は破られ、わたしたちは逃れ出た。

詩編一二四篇七節

絶体絶命から思いがけず網が破れ、救い出されました。捕らえられた者の知恵や力によるのではありません。不可能の網を神が破られたのです。もし、そういう奇跡がなかったら、わたしたちの歩みもどこかで終わっていたのです。奇跡に何度も救い出されながら、わたしたちの信仰は育まれてきたのです。

種の袋

種の袋を背負い、泣きながら出て行った人は
束ねた穂を背負い
喜びの歌をうたいながら帰ってくる。
詩編一二六篇六節

種蒔きの多くは寒風吹き荒ぶ冬に行われました。泣きながら、べそをかきながら出て行きました。いちばんつらい季節に、いちばんつらい仕事をした人だけが収穫の喜びを味わうことができるのです。

背に耐え難い重荷がのしかかるとき、わたしたちは種を背負っているのだということを忘れてはなりません。その重さはそのまま祝福の重さに変えられる日があるのです。

眠らなければ

朝早く起き、夜おそく休み
焦慮してパンを食べる人よ
それは、むなしいことではないか
主は愛する者に眠りをお与えになるのだから。
詩編一二七篇二節

自分の手ですべてを成し遂げなければならないと思うから安らげないのです。人は自分の人生であっても自力で完成することはできません。精一杯労した働きに神が手をそえてくださるのです。

たとい、できなかったことがあったとしても任せて眠るのです。眠らなければ、ほんとうに良い仕事はできません。

驕《おご》り

主よ、わたしの心は驕っていません。
わたしの目は高くを見ていません。

詩編一三一篇一節

神の戒めは人間をしばっていると人は思うのであります。その戒めを超えたところに無限の自由があると思うのであります。神の戒めを超えるということは人間の限界を超えることであります。人間の限界を超えては人間は壊れてしまいます。無防備で大気圏を飛び出すようなものです。

神の戒めは人間への配慮です。その中を生きるときに、真に人間の命の豊かさを知ることができるのであります。

母の胸にいる幼子

わたしの魂を、幼子のように
母の胸にいる幼子のようにします。

詩編一三一篇二節

幼子は母の胸に抱かれることにより、生きるために必要な基本的なものを受け取ります。命が受容されているという安らぎを。
神に抱かれているという満たされた認識からだけ、人の魂は息づくのです。

共に座っている

見よ、兄弟が共に座っている。
なんという恵み、なんという喜び。

詩編一三三篇一節

座っているのは礼拝するために座っているのであります。そこにいる人間相互の間には生活、環境、気質など、さまざまな違いがあるでしょう。利害関係や緊張関係さえあるかもしれません。それでもいいのです。そういう人間たちが神を見上げて共に座っています。神の憐れみの御手の中に、並んで座っています。

「共に座っている」そこに、兄弟が兄弟にされていく可能性の道はいつも開かれているのです。

月と星とを

夜をつかさどる月と星を造った方に感謝せよ。
慈しみはとこしえに。

詩編一三六篇九節

暗い夜のために、神は月と星を造ってくださいました。人生のどんな暗闇にも、神の配慮は途絶えてはいないのです。
一筋の、導きの光を、必ず備えていてくださいます。

低くされた

低くされたわたしたちを
御心に留めた方に感謝せよ。
慈しみはとこしえに。
詩編一三六篇二三節

謙遜によって低くされたのではありません。
自分の弱さや失敗やあやまちによって、打たれて低くされたのです。
その意味でイスラエルの荒れ野の旅は惨たんたるものでした。
しかし、神はその民を見捨てられませんでした。
御心に留めてくださった。だから歩き通しました。
いつの時代も神の民は神の憐れみに支えられて生きていきます。
神の憐れみを証しするためであります。

苦難の中を歩いても

わたしが苦難の中を歩いているときにも
敵の怒りに遭っているときにも
わたしに命を得させてください。

詩編一三八篇七節

キリスト者は不断に成長するのであります。苦難の中を歩いても、敵の怒りに遭うときにも、神は命を得させてくださるからであります。木や草は風雨のない日にだけ育つのではありません。風雨を貫いてよく育つのであります。

陰府《よみ》に身を横たえようとも

天に登ろうとも、あなたはそこにいまし
陰府に身を横たえようとも
見よ、あなたはそこにいます。

詩編一三九篇八節

人間はなんとむつかしい存在なのでしょう。ある時は思い上がって天に登るのであります。そこに神はおられ、人の高慢を打ち砕かれます。またある時には自分を貶しめ陰府の底に身を横たえようとします。しかし、その闇のただ中にも神は共におられ、自ら傷つけたわたしたちを抱いていてくださるのです。

神の恵みは生半可なものではありません。恐るべきものなのです。

夜も昼のように

あなたには、やみも暗くはなく、
夜も昼のように輝きます。

詩篇一三九篇一二節（口語訳）

夢であってくれたらいい、と思う暗い日が人間にはあります。しかし、人間にとってどんなに暗い日も、神にとっては暗くはない、というのであります。

神の摂理の中では、深い意味の与えられた日であり、神の光の届いている日なのであります。

存在の秘儀

あなたはわが内臓をつくり、
わが母の胎内でわたしを組み立てられました。

詩編一三九篇一三節（口語訳）

人間は自分の存在の起源を知りません。自分の存在の意味を知りません。神がそれを知っていてくださる。だから、自分の命について自分で結論を出してはならないのです。

神の知っていてくださる意味を信じて生き抜かなければなりません。

あなたの中にいる

その果てを極めたと思っても
わたしはなお、あなたの中にいる。

詩編一三九篇一八節

この世の極限に立ったと思ったときにも、自分はなお、神の手の中にあるというのです。
人間の可能性の尽きた地点でも、人は神の可能性にとらえられていることを忘れてはなりません。

渇いた大地のように

あなたに向かって両手を広げ
渇いた大地のようなわたしの魂を
あなたに向けます。

詩編一四三篇六節

両手を広げるのは祈る姿勢を示しています。自分を明け渡す姿勢であります。祈る者は罪深い自分をさらけ出して神に向かいます。自分の内奥を隠したままで祈ることはできません。祈りは単に嘆願ではないからです。

神との出会いであります。

祈る人は渇いた大地のように、ひび割れたまま天に向き合っています。

倒れても

主はすべて倒れんとする者をささえ、
すべてかがむ者を立たせられます。
詩篇一四五篇一四節（口語訳）

倒れてもいいのです。倒れるときは、神の手の中に倒れるのです。歩き疲れたら、神の御手の中にかがむのです。神は受け止めてください ます。

倒れてもいい。倒れることができる。それが信仰の慰めです。

真実を守る神

主は天と地と、海と、
その中にあるあらゆるものを造り、
とこしえに真実を守り、……。

詩篇一四六篇六節（口語訳）

神は天と地と、海と、その中にあるすべてを創造されました。ただ創造されただけではありません。この世界の中に真実を行われるのであります。「この世の波風さわぐ」（『讃美歌第二編』一五七番）ときにも、神の真実は決して途絶えることなく、貫かれていることを忘れてはなりません。

知恵の懲らしめ

立ち帰って、わたしの懲らしめを受け入れるなら
見よ、わたしの霊をあなたたちに注ぎ
わたしの言葉を示そう。

箴言一章二三節

神の知恵が甘美なものであったなら、だれだって知恵に耳を傾けるでしょう。けれども、神の知恵は耳に痛いのです。わたしの生き方を問い糾して、わたしを「懲らしめ」るのです。

しかし、懲らしめられて砕かれなければ、神の霊がわたしたちの中に注がれることはありません。自分の知恵で防御し続けているかぎりは。

9月19日

豊かさ

人間を豊かにするのは主の祝福である。
人間が苦労しても何も加えることはできない。

箴言一〇章二二節

計算や打算で人は自分を豊かにすることはできません。神の祝福だけが人間を豊かにするのであります。それは露のように天から来ます。神の賜うものを受け取りつつ生きてゆくのです。焦って駆け回っても泡をつかむだけであります。

待ち望んで

神に従う人は待ち望んで喜びを得る。

箴言一〇章二八節

喜びはどこからか降ってくるものではありません。主を信じて、待ち望んで与えられるものであります。穀物や果実がそうであるように、真の喜びは耐えて、待って、備えて、与えられるものであります。

そうした喜びのひとつひとつが人間を形成してゆきます。降ってきたような喜びは人間を形成するものにはなりません。

噂する人、祈る人

人のよしあしを言いあるく者は秘密をもらす、
心の忠信なる者は事を隠す。

箴言一一章一三節（口語訳）

人が「秘密」にしなければならないことは、たいていつらいこと、悲しいことであります。それを話の種にするような人は信頼できません。「忠信な」人は、それを自分の心の痛みとし、祈りとするのであります。

欠乏

散らしてなお、加えられる人もあり
締めすぎて欠乏する者もある。

箴言一一章二四節

人はより多くのものを受け取ろうとして、手放そうとしないのでありま
す。しかし、人生にとってかけがえのないものは、手放さなければ得るこ
とができません。「締めすぎて」貧しくなっているという一事に、人は気
づかなければならないのです。

9月23日

戒め

戒めを愛する人は知識を愛する、……。

箴言一二章一節（口語訳）

人は良き友によって成長し、悪しき仲間によって堕落します。
友は愛によって戒め、仲間はおだてても戒めてはくれないからです。
神の言葉は、わたしたちにとって厳しいが、
最上の友であることは、いうまでもありません。

軽率なひと言

軽率なひと言が剣のように刺すこともある。

知恵ある人の舌は癒す。

箴言一二章一八節

軽率なひと言とは思わず口を突いて出る言葉であります。そういう言葉が人の心をグサッと刺すのです。なぜなら反射的に口から出るのは自分中心の自己防御的ななまの言葉だからであります。

知恵ある言葉とは考慮された言葉であります。自分の発する言葉に一拍おくのです。相手のことを思うのです。残念ながら人間に反射的に良いことはできないのです。

いつでも自分の中に一拍おく心がまえが必要であります。

虐げる

弱者を虐げる者は主を嘲る。

箴言一四章三一節

弱者は反発したり、仕返ししたりする力をもっていません。だから人は弱者を平気で虐げます。

しかし、そうした弱者の側に造り主は立っておられるのであります。弱者を苦しめて、なんの実害も受けていないつもりで、最も恐るべき方を敵に回していることを忘れてはなりません。

労苦と欲望

労苦する者を労苦させるのは欲望だ。

箴言一六章二六節

生きることに労苦が多いのは確かです。しかし労苦のすべては外から来るとはかぎりません。いや人を打ちひしがせる労苦は、しばしば自分の中から発しているのです。欲望から。

その一事に気づかせてくれるもの、それが信仰です。

勇士

怒りをおそくする者は勇士にまさり、……。

箴言一六章三二節（口語訳）

怒らないことが美徳だというのではありません。
怒りを「おそく」せよ、というのです。
「おそく」することによって真実が見えてきます。
あまりに早い怒りは、真実から人を遠ざけ、混乱させるばかりです。

忍耐

忍耐は力の強さにまさる。

箴言一六章三二節

力ずくで道を開いていく生き方があります。しかし、力ずくでは切り開けない場面に直面します。無理やりにこじ開けようとして人間はつぶれてしまうのです。

忍耐が大事であります。必ず道を開いてくださる方を信じて待つのです。不思議な仕方で道は開かれます。人生の大切な場面は力ずくで開くことのできないものです。神に、向こう側から開いていただくのです。

それを待つ忍耐。

舌の力

死も生も舌の力に支配される。
舌を愛する者はその実りを食らう。

箴言一八章二一節

他者の発する言葉によって、傷つけられると考えています。そうではありません。自分の言葉が問題だというのです。自分の発した言葉が自分を生かしもし、殺しもするというのです。

真に恐れなければならないのは、人の言葉ではなく、自分の言葉です。

時がある

泣くに時があり、笑うに時があり、
悲しむに時があり、踊るに時があり、……。

伝道の書三章四節（口語訳）

生きていれば泣くしかない時があります。しかし、また笑う時もあります。

悲しみに閉ざされる日がありますが、踊りたくなる日もあります。

悲しみがどんなに深くても、それを絶対化してはならないというのです。

喜びがどんなに大きくても、それがすべてだと考えてはならないのです。

喜びも悲しみも共に生き抜いて、初めて、より深い人生の、神の真実を知ることになるのです。

10月

October

10月1日

人生の美しさ

神のなされることは皆その時にかなって美しい。

伝道の書三章一一節（口語訳）

人生不可解。そういって自死した青年がいました。人生は複雑であり、混乱しており、人は無意味に苦しんでいるように見えます。

しかし、忘れてはなりません。わたしたちは神の織りなす刺しゅうの裏側を見ているだけなのです。表にはたえまなく美しい模様が刻まれています。

この表を、わたしたちはいつか見せていただく時が来ます。そのとき、耐え忍んでよかったと、きっと思うのであります。

言葉のむなしさ

言葉が多ければむなしい事も多い。　伝道の書六章一一節（口語訳）

言葉には限界があります。言葉が正しければ理解してもらえる、というのは幻想であります。逆に、語れば語るほど人間の本来的な孤独があらわになります。

言葉にではなく、祈りにこそ、自分自身の存在の支えを求めなければなりません。

水に投げるパン

あなたのパンを水の上に投げよ、
多くの日の後、あなたはそれを得るからである。

伝道の書一一章一節（口語訳）

効率が重んじられる時代であります。すぐに結果が出る無駄のない働きが求められます。そうして人間は大切なものを積み残したまま走っているように見えます。

水の上にパンを投げる——無駄としか思えない行為が、ついには人間を生かすことになる、というのであります。

献身はいつだって結果を計算に入れない行為であります。

年を重ねる

青春の日々にこそ、お前の創造主に心を留めよ。
苦しみの日々が来ないうちに。
「年を重ねることに喜びはない」と
言う年齢にならないうちに。

コヘレトの言葉一二章一節

年を取ることの喜びは出会いが深まっていくということではないかと思います。人との出会い、自然との出会い、一日一日との出会い。それらすべてを備えてくださる神との出会い。

信仰がなければ、年を重ねるということは、ただ持っていたものを失ってゆく過程でしかありません。

わたしの時

「婦人よ、わたしとどんなかかわりがあるのです。わたしの時はまだ来ていません」。しかし、母は召し使いたちに、「この人が何か言いつけたら、そのとおりにしてください」と言った。

ヨハネによる福音書二章四、五節

マリアの求めに対してイエスの答えは厳しいものでした。しかし、それは拒絶ではありませんでした。「わたしの時はまだ来ていません」と言いました。

マリアの期待する時ではなく、イエスの用意される時に応えられるというのです。だから、マリアは落胆せず備えたのです。

祈る者はいつも、主の時を信じて備えます。

水がめに水を

イエスが、「水がめに水をいっぱい入れなさい」と言われると、召し使いたちは、かめの縁まで水を満たした。

ヨハネによる福音書二章七節

なぜ水がめに水を満たすのか召し使いたちにはわかりませんでした。なぜその水を世話役のところに持って行くのか理解できませんでした。ただ、言われたことに黙々と従っただけでありました。

なぜこんな荷を負わなければならないのか、わたしたちにはわかりません。なぜこんな険しい道を歩かなければならないのか、わかりません。わかりませんが、その道を一心に歩いた人だけがいつか、どこかで、その意味を知らせていただくのです。

わたしたちは、救い主が手をそえていてくださる人生を歩いているのですから。

新しく生まれる

だれでも新しく生れなければ、神の国を見ることはできない。

ヨハネによる福音書三章三節（口語訳）

努力、精進、行為、そうしたもので神の国に入ることはできません。「肉から生れる者は肉」（六節〔口語訳〕）にすぎないからです。十字架によって罪赦されて（罪がなくなって、ではありません）新生は始まるのです。

「努力」ではなく、十字架の前にくずおれるところから始まります。

一掬《ひとすく》いの水

サマリアの女が水をくみに来た。イエスは、「水を飲ませてください」と言われた。

ヨハネによる福音書四章七節

サマリアの女は自分を恥じていました。だからだれもいない日盛りを選んで水をくみに来たのです。イエスはその女に一掬いの水を所望しました。ご自身で水をくむことができなかったのではありません。水を受け取ることから始まる出会いを求めたのです。

イエスは罪人のささやかな奉仕さえご自身の喜びとしてくださいます。汚れた手の差し出す一掬いの水を、私たちの救い主はいつだって待っていてくださるのです。

刈り入れの働き

刈り入れる人は報酬を受け、永遠の命に至る実を集めている。

ヨハネによる福音書四章三六節

すべての労苦の後の収穫は喜びの季節であります。神はひとりで収穫の喜びを味わうこともできますが、その喜びにわたしたちをも引き入れてくださっているのであります。

神は収穫をわたしたちと一緒に喜びたいのです。つたないものが、神の国の働き手とされている——それがキリスト者の光栄です。

伝道はしなければならない、というものではありません。わたしたちにも伝道することが、ゆるされているのです。

見出された時

イエスは、その人が横たわっているのを見、また、もう長い間病気であるのを知って、「良くなりたいか」と言われた。

ヨハネによる福音書五章六節

どんなに苦しんできたか、どんなに口惜しい思いをしてきたか、だれにも理解してもらえない長い年月でした。

そのひとりの男の前に主は立ち止まり、彼を「見」、その窮状を「知」られました。彼の悩み、痛みのすべてを、救い主イエスは、ご自分の身に受け止められたのです。

主に見出していただいたわたしたちは、既に癒しの時の中に生きています。

訴えを聞く

「主よ、水が動くとき、わたしを池の中に入れてくれる人がいないのです。わたしが行くうちに、ほかの人が先に降りて行くのです」。イエスは言われた。「起き上がりなさい。床を担いで歩きなさい」。

ヨハネによる福音書五章七、八節

隣人がどんなに冷酷であったか、同じ病者たちがいかに思いやりのかけらもないふるまいをしてきたか、胸にたまったうらみつらみの泥水を彼は一気に吐き出します。

屈折した情けない訴えです。イエスはその声を黙って聞かれます。倒れ、腐れ果てている者の病をすべて受け止め、担い、起き上がらせるためにこそ、救い主はわたしたちのそばに来てくださったのです。

危機の海で

イエスは言われた。「わたしだ。恐れることはない」。そこで、彼らはイエスを舟に迎え入れようとした。すると間もなく、舟は目指す地に着いた。

ヨハネによる福音書六章二〇、二一節

夜、荒れた海、狼狽《ろうばい》している弟子たちに、主イエスは声をかけられました。彼らがイエスを迎えようとしたときに、舟は「目指す地に着いた」と言われています。

危機の海で、そのただ中に立ちたもう主イエスの声を聞けるかどうか――そこに信仰生活の勝敗はかかっています。

天から降って来たパン

あなたたちの先祖は荒れ野でマンナを食べたが、死んでしまった。しかし、これは、天から降って来たパンであり、これを食べる者は死なない。

ヨハネによる福音書六章四九、五〇節

荒れ野を放浪した神の民は、神から与えられたマンナを食べて養われました。しかし彼らのつぶやきは絶えませんでした。水がない。肉が食べたい。荒れ野で死なせる気か。マンナを食べながらも、罪によって滅ぼされてしまいました。

天から降って来たパン――イエス・キリストの肉を食べる者は滅びません。主の肉はわたしたちの罪を贖い、永遠の命を与えるパンであるからです。

石を投げる

あなたたちの中で罪を犯したことのない者が、まず、この女に石を投げなさい。

ヨハネによる福音書八章七節

罪を犯した人に石を投げることはたやすいことであります。正義感にかられて石を投げるのであります。

しかし、石を投げる前に、自分はそうした罪に本当に無関係な人間かどうか、問うてみなければなりません。

同情のない「裁き」は、しばしば大きな誤ちを犯すことになるのであります。

10月15日

罪に定めず

わたしもあなたを罪に定めない。行きなさい。これからは、もう罪を犯してはならない。

ヨハネによる福音書八章一一節

「あなたを罪に定めない」というのは主イエスの決意であります。ご自身がその審きを受けてくださる救い主のもとにわたしの命があるのだとすれば、もう罪にふける生活に戻ってはならないのです。罪に足をすべらせることはあるとしても。

言葉にとどまる

わたしの言葉にとどまるならば、あなたたちは本当にわたしの弟子である。

ヨハネによる福音書八章三一節

キリストの言葉にとどまる、というのは頑張ってとどまるという意味ではありません。キリストの約束の中にわたしたちの救いのすべてがあることを信じて任せるのです。人の手に抱かれた幼子のように。

救い主の約束の外に出ていってじたばたしないこと、それが弟子であることのしるしであります。

10月17日

結果ではなく始まり

「ラビ、この人が生まれつき目が見えないのは、だれが罪を犯したからですか。……」。イエスはお答えになった。「本人が罪を犯したからでも、両親が罪を犯したからでもない。神の業がこの人に現れるためである」。

ヨハネによる福音書九章二、三節

なぜこうなったのか、と人間は問います。なぜこんな災難がおそったのか。なぜこんな病気になったのか。まるですべての結果がそこに現れたかのように。

しかし、主イエスにあって、事態はそういうものではありません。災難も病気も、神がそこから御わざを行ってくださる始まりなのです。混沌から神が光を創造されたように。

門を通って

羊の囲いに入るのに、門を通らないでほかの所を乗り越えて来る者は、盗人であり、強盗である。門から入る者が羊飼いである。

ヨハネによる福音書一〇章一、二節

羊飼いは門を通って羊に近づきます。柵を乗り越えてくるのは羊を奪う盗人であり強盗です。羊は傷つけられたり殺されたりします。

羊飼いは羊に出会うために来ます。羊飼いが羊に出会うためにはひとつの門を通るほかありません。罪の赦しという門。

十字架という門を通って、イエス・キリストはこの罪人であるわたしたちのそばに来てくださったのです。

10月19日

従う

わたしは彼らを知っており、彼らはわたしに従う。わたしは彼らに永遠の命を与える。

ヨハネによる福音書一〇章二七、二八節

羊飼いは、羊の全体に号令をかけるのではありません。羊の一匹一匹を「知って」、声をかけてくださるので、羊はその声を聞くのです。羊飼いの声を聞きながら歩く、それが「従う」ということです。

その声についていったら、「永遠の命」という「憩いの水のほとり」（詩編二三篇二節）に辿り着くのです。

指し示す

多くの人がイエスのもとに来て言った。「ヨハネは何のしるしも行わなかったが、彼がこの方について話したことは、すべて本当だった」。

ヨハネによる福音書一〇章四一節

ヨハネがけなされているわけではありません。ヨハネは神の救いの働きを行うことはできませんでした。彼がしたことはただひとつ、「見よ、神の小羊」と言ってイエス・キリストを指し示すことだけでした。そして、彼の指し示したイエス・キリストが神の救いの働きを行われました。それでよかったのです。

教会は自分の力で何かできるわけではありません。ただ救い主を指し示すだけです。教会は証言し、救い主は御わざを行ってくださいます。

10月21日

昼歩く

昼のうちに歩けば、つまずくことはない。この世の光を見ているからだ。しかし、夜歩けば、つまずく。その人の内に光がないからである。

ヨハネによる福音書一一章九、一〇節

神の御心があるならば、人はつまずきません。神の御心は光のように人の歩みを守ります。神の御心のないところを歩めば、人はつまずきます。どこにも光がないからです。

信仰は信念ではありません。つまり、自分の中に何らかの光があって、それによって歩むのではありません。

神の光に照らしていただきながら、歩むのです。

死に憤る方

イエスは、彼女が泣き、一緒に来たユダヤ人たちも泣いているのを見て、心に憤りを覚え、興奮して、言われた。

ヨハネによる福音書一一章三三、三四節

死に直面して、人間は悲しみ嘆くことができるだけです。どんなに深く嘆いたとしても、やがて諦めるほかありません。しかし、イエスは諦めず、死に対して「憤り」、激しく「興奮」します。イエスは死と闘われる救い主だからです。死と闘うために、その体をもって、全存在をかけて十字架への道を歩まれました。「ラザロ、出て来なさい」(四三節)。十字架の主に呼び出されて、わたしたちも死の墓から出ていきます。

涙の御わざ

イエスは涙を流された。

ヨハネによる福音書一一章三五節

死んだラザロを思い、悲嘆に暮れている人々を思い、イエスは涙を流されます。イエスはただ不思議なわざを行われるというのではありません。涙をもって御わざを行われるのです。

わたしたちを導く救い主の御わざには、いつだって深い共感の涙が込められているのです。

一粒の麦

一粒の麦は、地に落ちて死ななければ、一粒のままである。だが、死ねば、多くの実を結ぶ。

ヨハネによる福音書一二章二四節

一粒の麦は土の中に自分を埋めて、死んで、新たな生命を生み出します。多くの実りを生み出すために一粒が死ぬのです。自己を隠すことで多くを生かします。

自分を隠すことができないことによって人間は不毛なのです。

10月25日

言い表さない

とはいえ、議員の中にもイエスを信じる者は多かった。ただ、会堂から追放されるのを恐れ、ファリサイ派の人々をはばかって公に言い表さなかった。

ヨハネによる福音書一二章四二節

ユダヤの最高議会の中にも、イエスの言動に感銘を受け、深く敬服する人が多かったのです。実質的には「信じていた」と言ってもいいほどでありました。しかし、偉い人たちをはばかって信仰を言い表しませんでした。信仰を言い表さなければ迫害を受けることはありません。迫害を受けなければ、イエスにより頼むこともありません。迫害の中でイエスにより頼むことがなければ、イエスが救い主であることを知ることもありはしないのです。

足を洗う

たらいに水をくんで弟子たちの足を洗い、腰にまとった手ぬぐいでふき始められた。

ヨハネによる福音書一三章五節

イエスは弟子たちの足もとにひざまずきます。彼らの足を洗うために。そうしなければ足の汚れをぬぐうことができないからです。その人の前にひざを屈しなければ、人の汚れをぬぐうことはできません。自分も汚れる覚悟なしに、人を変えることはできません。

10月27日

後で

わたしのしていることは、今あなたには分かるまいが、後で、分かるようになる。

ヨハネによる福音書一三章七節

愛は、それが深いものであるほど、「後で」わかるようになるのであります。後になればなるほど、それはわかってきます。十字架の恵みは、生涯にわたってしだいに弟子たちの身にしみるものになりました。

すぐにわかってもらえない働きに失望してはなりません。

日々清められ

既に体を洗った者は、全身清いのだから、足だけ洗えばよい。

ヨハネによる福音書一三章一〇節

既に全身を洗っていただいたはずであります。それなのに日々の歩みの中で足は汚れてしまうのです。言ってはいけない言葉を口にし、してはいけないことをしてしまいます。心なえて神に顔を上げられなくなります。そのとき、忘れてはなりません。わたしたちの汚れた足を洗っていてくださる主イエスがおられるのです。

日々清められて、わたしたちは神の子なのです。

10月29日

後でついて来る

わたしの行く所に、あなたは今ついて来ることはできないが、後でついて来ることになる。

ヨハネによる福音書一三章三六節

キリストの歩み行く所にだれもついて行くことはできません。人の罪をその身に負い、恐るべき神の審判を受けて捨て去られる道であります。しかし、その救い主によって開かれた道、罪赦された復活の命に続く道をわたしたちはみんな辿ることになるのです。

イエス・キリストの歩まれた後に、くっきりとわたしたちの命の道は浮かび上がっています。

戻って来る

行ってあなたがたのために場所を用意したら、戻って来て、あなたがたをわたしのもとに迎える。　ヨハネによる福音書一四章三節

イエスは弟子たちのために天に住まいを確保されました。それだけではありません。「戻って来て」、天への歩みを支えてくださるのであります。天にあってわたしたちを待っていてくださるというのでなく、わたしたちのところまで来て、永遠の住まいへと共に歩いてくださるのであります。

わたしが生きているので

わたしが生きているので、あなたがたも生きることになる。

ヨハネによる福音書一四章一九節

集まっている人々が頑張って活動しているので教会が生きているのではありません。そうではなく、キリストが生きて働いているので教会は生きているのです。

キリストなしに人が頑張りすぎて、教会は死ぬこともあります。

11月

November

木につながる

人がわたしにつながっており、わたしもその人につながっていれば、その人は豊かに実を結ぶ。

ヨハネによる福音書一五章五節

双方向からのつながり、ということが言われています。キリストの手が差し伸ばされ、わたしたちをとらえます。わたしたちの手が伸ばされ、キリストの手を握ります。そのように双方が結びつくことによって枝は実をみのらせるのです。人間の実力や良い性格が実をみのらせるのではありません。

キリストという木につながって豊かに実を結ぶことができます。

行って

あなたがたが出かけて行って実を結び、その実が残るようにと、……。

ヨハネによる福音書一五章一六節

弟子たちは「出かけて行って」実を結ぶのであります。行かないで、あれこれ考えて、ではありません。行ったら世の風が吹きつけて難儀するかもしれません。痛い目にも遭うでしょう。つまずくかもしれない。それでも必ず「実を結ぶ」のです。

つまずきもせず、痛い目にも遭わずに「実を結ぶ」ことなどできはしないのであります。

11月3日

喜びの再会

あなたがたは泣いて悲嘆に暮れるが、世は喜ぶ。あなたがたは悲しむが、その悲しみは喜びに変わる。

ヨハネによる福音書一六章二〇節

弟子たちは悲嘆に暮れます。主イエスが彼らのもとから取り去られるからであります。

しかし、その悲しみは喜びに変えられます。主は弟子たちの罪を贖って、死から甦り、彼らに再会されるからであります。

単なる再会ではありません。罪赦された神の民として主に出会うのです。この喜びの再会の中で、教会は今も生きています。

永遠の命

永遠の命とは、唯一のまことの神であられるあなたと、あなたのお遣わしになったイエス・キリストを知ることです。

ヨハネによる福音書一七章三節

ここでは知的に「知る」ということが意味されているわけではありません。人格的に知る、すなわち、出会う、交わりを持つという意味で用いられているのであります。

永遠の命の祝福は終わりがないというところにあるのではなく、しだいに深く、いよいよ深く父なる神と子なるキリストに出会っていくということの中にあるのです。

11月5日

もはや世に属さず

わたしは彼らに御言葉を伝えましたが、世は彼らを憎みました。わたしが世に属していないように、彼らも世に属していないからです。

ヨハネによる福音書一七章一四節

キリストと弟子たちの関係、それは御言葉を介してのものであります。御言葉が語られ、それが聞かれている、その一点にキリストと弟子たちの結びつきがあるのです。その品性や性格によって弟子は弟子であるのではありません。

主が語り、弟子たちが聞いている、そこに新しい世界が現出しているのです。

キドロンの谷の向こうへ

イエスは弟子たちと一緒に、キドロンの谷の向こうへ出て行かれた。
ヨハネによる福音書一八章一節

キドロンとはヘブライ語で「暗い」という意味の言葉であります。イエスは弟子たちと共にその谷に降りて行かれました。その谷の「向こうへ」出るために。

イエスはいつもキドロンの谷の「向こう」へと、わたしたちを導いてくださいます。わたしたちに先立ってくださる方は暗黒の「向こう」の命へと一緒に歩いてくださるのです。暗黒を通って、であります。

取られる

主が与え、主が取られたのだ。
主のみ名はほむべきかな。

ヨブ記一章二一節（口語訳）

与えられる恵みがあります。
しかし取り去られる恵みもあります。
母親が子供の手からものを取り上げるように、
神が取り去られるのです。
「主」が取られるのなら、そこにもやはり
恵みが込められているのです。

なぜ、労苦する者に光を

なぜ、労苦する者に光を賜り
悩み嘆く者を生かしておかれるのか。
ヨブ記三章二〇節

苦しみの極まったとき、世界が真っ暗闇になればいいと人は願うのであります。いっそ、その闇に呑み込まれてしまいたい、と。

しかし、そのときにも光は照って絶望した者を包んでいます。どんな絶望の底にも神は共にいてくださる、というしるしであります。

十字架の犯罪人の隣りに、同じように十字架を負って救い主がおられたように。

11月9日

訴え

わたしが呼びかけても返事はなさるまい。
わたしの声に耳を傾けてくださるとは思えない。

ヨブ記九章一六節

神に対する絶望感を表明しています。神は不当に自分を苦しめ、しかも苦しみの中からの訴えに少しも耳を傾けてくださらないのだ、と。苦しみの意味がわからないということが、苦しみを深くします。

しかし、ヨブがこのように自分の絶望を体をぶつけるようにして神に投げかけていることに、注目しなければなりません。

閉ざされた扉はそこから開きます。あきらめや嘆きによってこの扉はびくともしないのであります。

神が裁く

わたしのために執り成す方、わたしの友
神を仰いでわたしの目は涙を流す。
人とその友の間を裁くように
神が御自分とこの男の間を裁いてくださるように。

ヨブ記一六章二〇、二一節

「話せばわかる」という言葉があります。行き違いや誤解は話し合いの不足から来ていると考えるわけです。しかしどんなに話し合っても、理解し合えないことはありません。どうしても解くことのできない対立はあります。人間関係にはそういうのっぴきならないものが含まれています。だからつらい。

のっぴきならない関係を裁くことのできる方がいてくださる——その一事を信じて、ゆだねて信仰者は時を待ちます。切れないのです。

11月11日

無知の言葉

無知の言葉をもって、神の計りごとを暗くするこの者はだれか。

ヨブ記三八章二節（口語訳）

人の知恵は、小さな軌道を回っている惑星に似ています。神のはかりごとは、計り知れない大きな軌道を描いて、思いがけない視野をわたしたちに与えてくれます。性急な、小賢しい結論をしばらく措いて、神にゆだねてみることが必要です。

大地の実り

お前たちが進んで従うなら
大地の実りを食べることができる。

イザヤ書一章一九節

与えられた日々を感謝して生きてゆく人は、大地の実りを味わうことができます。登頂した登山者がだれよりも深く山の水の味わいを楽しむように。

しぶしぶ生きている人間がどこからか棚ぼた式に喜びを受け取るなんてことはありません。つぶやきながら生きる人間には、人生はますます重苦しく不愉快なものになってゆくばかりであります。

なお

主は御顔をヤコブの家に隠しておられるが
なおわたしは、彼に望みをかける。

イザヤ書八章一七節

出口のない闇の中であります。依然として苦難は続きます。神の御顔は見えません。
それでもなお、主を待ち望むのであります。このような時を用いて、わたしたちを生かそうとしておられる方の御心があるからであります。

平和をつくる

おおかみは小羊と共にやどり、
ひょうは小やぎと共に伏し、
子牛、若じし、肥えたる家畜は共にいて、
小さいわらべに導かれ、……。

イザヤ書一一章六節（口語訳）

預言者イザヤが描く究極の平和のイメージであります。強い者と弱い者が共存している姿、と言ってもいいでしょう。

さらに一歩進んで、強い者の強さが弱い者を守りつつ、弱い者のかけがえのない賜物が躍動している情景である、と言ってもいいでしょう。

小さい者、弱い者の賜物が圧殺されている時代の中で、そうでない世界をつくり出す粘り強い戦いをしなければなりません。

11月15日

今は夜の何どきか

「見張りの者よ、今は夜の何どきか……」。

見張りの者は言った。

「夜明けは近づいている、しかしまだ夜なのだ。

どうしても尋ねたいならば、尋ねよ
もう一度来るがよい」。

イザヤ書二一章一一、一二節

いつか夜は明けます。それはわかっています。しかし、闇はあまりにも深く不安は募るのです。だから問わないではいられません。「今は夜の何どきか」と。

問うことで、答えていただくことで支えられているのです。だからわたしたちは、何度でも、繰り返し、神のもとに行き、問い続けます。我慢しなくていいのです。「もう一度来るがよい」と言ってくださいます。

逃げない

「速い馬に乗ろう」と言ったゆえに
あなたたちを追う者は速いであろう。

イザヤ書三〇章一六節

逃げる者は追われる――これは人生の原理であります。速く逃げようとすると、追うものも速くなるのです。つまり逃げたら負けなのです。困難や試練に対して顔を向けるのです。そのとき、閉ざされたと思っていた前方に道は見えてきます。
神はそこを歩かせてくださいます。

善を行う

災いだ、略奪されもしないのに、略奪し
欺かれもしないのに、欺く者は。
お前は略奪し尽くしたときに、略奪され
欺き終えたときに、欺かれる。

イザヤ書三三章一節

人は、略奪されまいとして略奪し、欺かれまいとして欺くのであります。つまり、自分が傷つくことを恐れて人を傷つけてしまうのであります。人間の日常はそうした泥仕合の中で展開しています。

善を行うためには、あえて自ら傷つく道を選ぶほかありません。それが善を行う勇気というものです。救い主イエスはそうされました。「彼の受けた傷によって、わたしたちはいやされた」（イザヤ書五三章五節）。

疲れた者に力を

疲れた者に力を与え
勢いを失っている者に大きな力を与えられる。

イザヤ書四〇章二九節

気力ある者を助けるというのではありません。可能性のある者に力を添えてくださるというのではありません。疲れ果てた者に力を与えてくださるのです。気力の尽きた者を引き起こしてくださるのです。

もし神のもとに倒れ伏すならば、であります。

闇を光に

行く手の闇を光に変え
曲がった道をまっすぐにする。

イザヤ書四二章一六節

闇は大きな口を開けてわたしたちに迫って来て、わたしたちはそのたびに恐れ、祈らないではいられませんでした。「もうおしまいだ」と思ったその闇のただ中に、新たな道が開かれました。

気がつけば、わたしたちはそんなふうにして、「終わった」と思う地点から、繰り返し神の恵みの深みに引き入れられてきたのです。

荒れ野に水

荒れ野に水を、砂漠に大河を流れさせ
わたしの選んだ民に水を飲ませるからだ。

イザヤ書四三章二〇節

心ならずも荒野を引き回されるような生き方もあります。荒れ野の中に踏み込んでいく生き方もあります。同じ荒野でも人の姿勢によって様相が変わります。引き回されている人間には荒れ野はいつまでも荒れ野。踏み込んでいく人間の足もとに命の水が流れます。

11月21日

帰る

もし、あなたが帰るならば、
わたしのもとに帰らなければならない。

エレミヤ書四章一節（口語訳）

帰らなければなりません。帰る、ということから始めなければなりません。帰るべき一点を見失って、いたずらに駆けめぐり、疲れ果てているのですから。

心を探る方

心を探り、そのはらわたを究めるのは
主なるわたしである。

エレミヤ書一七章一〇節

だれにでも心はあり、心は良いものだと人は考えています。神は、しかし、人の心をはらわたと並べて取り上げています。人の心のみにくさ、おぞましさを印象づけるのです。

神だけが人の心の汚れを知っておられる、というのです。神に自らのはらわたを照らされながら人は癒されていきます。

11月23日

家を建てよ

エルサレムからバビロンへ捕囚として送ったすべての者に告げる。家を建てて住み、園に果樹を植えてその実を食べなさい。妻をめとり、……。

エレミヤ書二九章四―六節

エレミヤがバビロンに捕囚されている人々に語りかけた言葉です。母国に帰ることばかりを夢見て悲しんでいる人々に対して、エレミヤはそこに家を建てよ、と言うのです。木を植えよ、と言うのです。今置かれた場所で腰を据え、根を下ろせと言うのです。

どんなに気に染まぬ現実であっても、いま目の前にある現実から目をそらせては、未来は決して開けはしません。

今日を踏みしめて生きてこそ、明日の道は神によって開かれるのであります。

帰る民

彼らは泣きながら帰ってくる。
わたしは彼らを慰めながら導き……
わたしはイスラエルの父となり……。

エレミヤ書三一章九節

自らの罪のために迷い出ていた「彼ら」、その「彼ら」はやがて泣きながら帰ってくるのです。待っていてくださる方のいることに目覚めて。待っていてくださる方は、帰ってきた彼らを問い、責めることをせず、その胸に抱き慰めるのです。そして、迷いの中で痛み傷ついた彼らを癒しつつ導いてくださいます。神が父であることを深く深く知らしめてくださるのです。

11月25日

命を贖《あがな》う

主よ、生死にかかわるこの争いを
わたしに代わって争い、命を贖ってください。

哀歌三章五八節

物と激突する瞬間、人は目をつぶります。命の最も危険な場面で目を開けていることはできません。生きるためにいろいろな闘いはしますが、命を失うか得るかという決定的な闘いにおいて、わたしたちは指一本動かすことはできません。「神さま！」と叫んで目をつぶります。

わたしたちの「命を贖う」ために、神は立ち上がってくださいます。十字架を担って。

心を裂く

「……お前たちの心を引き裂け」。

あなたたちの神、主に立ち帰れ。

ヨエル書二章一三節

神に立ち帰る、ということはどういうことでしょう。自らの心を引き裂くことであります。自分は正しい、間違っていない、と言い張っているかぎり、目は曇っています。自分の罪、あやまちを認めることができたとき、わたしたちの前に立っておられる方を見出すことができるのです。

11月27日

御名を呼ぶ

主の御名を呼ぶ者は皆、救われる。

ヨエル書三章五節

「主の御名を呼ぶ」というのは、となえるということではありません。助けを求めて声を上げるのであります。赤ん坊が泣いて母親を呼ぶように。御名を呼び続けることによって人は救われるのであります。呼ばないでもやってゆけると思うこと、それが人間の最大の誘惑です。

善を求めよ

善を求めよ、悪を求めるな……。

アモス書五章一四節

何を求めて生きるかが大切なことであります。
つまずいたっていいのです。
失敗したっていいのです。
求めるものの高さによって、
その人間の人格は形成されるのです。

11月29日

たとえ倒れても

わたしの敵よ、わたしのことで喜ぶな。
たとえ倒れても、わたしは起き上がる。

ミカ書七章八節

「鋼鉄のように強い」と言います。曲がらない折れない強さのことを言っていると思います。信仰の強さは鋼鉄のようなものではありません。闘えば負けもしますし、打たれれば倒れもします。

しかし、負けても倒れてもまた起き上がるのです。神は繰り返し倒れたわたしたちを受け止め、起き上がらせてくださるからです。「打ち倒されても滅ぼされない」（コリントの信徒への手紙二、四章九節）のです。

沈　黙

しかし、主はその聖なる神殿におられる。
全地よ、御前に沈黙せよ。
ハバクク書二章二〇節

訴えたいこと、弁解したいこと、嘆きたいことなど、言いたいことはいろいろあります。

しかし、聖なる神殿でわたしたちは全く武装解除しなければなりません。自分の言葉を捨て切ったところでしか聞くことのできない言葉があるのです。

12月

December

12月1日

光に照らされ

あなたがたは、光に照らされた後、苦しい大きな戦いによく耐えた初めのころのことを、思い出してください。

ヘブライ人への手紙一〇章三二節

信仰は自分の中に持つ何かではありません。

自分が光の中に立つことであります。

信仰を堅く握りしめているつもりで、上からの光が受けられなくなっていないかどうか、省みてみなければなりません。

信念で苦難に耐えるのではありません。

光を受けて苦難の中を歩むことができるのです。

他国に宿るように

信仰によって、アブラハムは他国に宿るようにして約束の地に住み、……。

ヘブライ人への手紙一一章九節

この世を最もよく生きる生き方――それはこの世を目的地にしないことであります。

永遠の命に向かう通過点として生きることであります。

故郷に帰ってゆく旅人がたまたま他国に宿るように、今という時を生きるのであります。

血を流す戦い

あなたがたはまだ、罪と戦って血を流すまで抵抗したことがありません。

ヘブライ人への手紙一二章四節

競技に勝つために、選手が自分の身を打ちたたくということはあります。腕に針を刺して睡魔と戦い、受験に備えた人の話も聞いたことがあります。しかし、自分の罪と戦うために血を流す人間はいない、というのです。わたしたちの罪のために（わたしたち、ではなく！）、主イエス・キリストが自らの血を流して、まことに凄絶に戦ってくださったのです。

旅人をもてなす

旅人をもてなすことを忘れてはいけません。そうすることで、ある人たちは、気づかずに天使たちをもてなしました。

ヘブライ人への手紙一三章二節

天使が訪ねて来たならば、だれでも喜んでもてなすのであります。しかし、天使は天使の姿をして訪ねてくることはありません。困窮し、疎外され、行き暮れた人の姿でわたしたちに出会うのです。

天使をもてなす人はだれでも「気づかずに」もてなしているのです。

結婚

すべての人は、結婚を重んずべきである。

ヘブル人への手紙一三章四節（口語訳）

男性と女性の愛による結びつきが結婚であることは言うまでもありません。が、思いやりや感情がいつまでもふたりを結びつけているとはかぎりません。

キリスト者が結婚を重んじるのは「神の合わせられたもの」という信仰があるからであります。人の思いを超えた神の思いがあることを信じてゆくときに、結婚は豊かなものとなります。

貧しい人たち

神は世の貧しい人たちをあえて選んで、信仰に富ませ、御自身を愛する者に約束された国を、受け継ぐ者となさったではありませんか。だが、あなたがたは、貧しい人を辱めた。

ヤコブの手紙二章五、六節

貧しい、何の資格もない人間がこんな大きな祝福の世界に入れられていいのか。

ありがたいと思いました。

もったいないと思いました。

それがわたしたちの入信経験でした。

そのわたしたちが、いつの間にか教会に来る貧しい人々を見下していないかどうか。

乳飲み子のように

生まれたばかりの乳飲み子のように、混じりけのない霊の乳を慕い求めなさい。

ペトロの手紙一、二章二節

乳飲み子が母乳を飲む。その一途な姿には心打つものがあります。生きるための切実な求め、そして信頼と安らぎ。

信仰もそうであります。霊の乳を慕い求めることによって生きるのです。どんなに深い思索をしても、経験を積み重ねても、そんなことで信仰者は命を得ることはできません。

乳飲み子のように神の言葉を飲まなければ。

善を行って苦しむ

善を行って苦しみを受け、それを耐え忍ぶなら、これこそ神の御心に適うことです。

ペトロの手紙一、二章二〇節

善を行って苦しむ、そんなことはあってはならない不条理だと人は考えます。そのあってはならない不条理があったために、わたしたちは救われているのです。悪を行った人間が罰せられず、代わりに神の子キリストが罰せられたのです。

信仰のゆえの不当な苦しみを耐え忍ぶそのとき、わたしたちは強くキリストに結ばれており、キリストを証ししているのです。

正しい苦しみ

キリストも、罪のためにただ一度苦しまれました。正しい方が、正しくない者たちのために苦しまれたのです。あなたがたを神のもとへ導くためです。

ペトロの手紙一、三章一八節

正しいことをして、なぜそのために苦しみを受けなければならないのかという疑問があります。

それはありうることと聖書は言います。正しいことのために苦しむとき、その苦しみは思いがけない形でだれかを励まし、助けているのです。キリストの苦しみが、わたしたちを生かし、救いへと導いたように。

正しいことのために苦しむ者がいなくなったとき、この世界は不毛です。

万物の終わり

万物の終わりが迫っています。だから、思慮深くふるまい、身を慎んで、よく祈りなさい。

ペトロの手紙一、四章七節

万物には終わりが迫っています。終わりは破滅の時ではありません。神の救いの御わざが完成され、人の罪による混乱がまったく克服される時です。今はおぼろげに見ている神の秩序が現れ出る時であります。

その日を信じるから、わたしたちは今という時に絶望することなく、投げ出さないで前に向かっているのです。

任せる

思い煩いは、何もかも神にお任せしなさい。神が、あなたがたのことを心にかけていてくださるからです。

ペトロの手紙一、五章七節

自分のことは自分で守らなければならないと思うから、疲れ果てるのです。自分が自分のことを心配するよりももっと深く、神が心配していてくださいます。人はどんなに心配しても、自分の手で自分を握りしめることはできません。

わたしを握りしめることのできる方は、神だけです。

愛は神から

わたしたちは互に愛し合おうではないか。愛は、神から出たものなのである。

ヨハネの第一の手紙四章七節（口語訳）

人間は本来、自分の中に愛をもっていません。自己中心的なものでありますす。神を知ることによって愛を学ぶのであります。神を知れば知るほどに、深く愛を学ぶのであります。

神を知って兄弟が疎ましくなるなど、あり得ないことであります。

目に見える兄弟

目に見える兄弟を愛さない者は、目に見えない神を愛することができません。

ヨハネの手紙一、四章二〇節

目に見える兄弟、それはつまずき多い存在であります。目に見える兄弟は肉体をもっているからであります。ゆがみや屈折が見えます。自我がむき出しになっています。それらがなまなましく目に映って愛せなくなるのです。

しかし、考えてみなければなりません。そんな灰汁《あく》の強い、ゆがみや屈折に満ちた、自我に執着するわたしたちを救うために、神は御子を肉の姿でお遣わしくださったのです。神は、目に見える、かくもおぞましいわたしたちを愛してくださっているのです。

初めの愛

あなたは初めのころの愛から離れてしまった。だから、どこから落ちたかを思い出し、悔い改めて初めのころの行いに立ち戻れ。

ヨハネの黙示録二章四、五節

「初めのころの愛」、それはキリストの愛を受け取りつつ、その愛をもって兄弟、隣人に向き合うことであります。

隣人を観察し、愛するに値するかどうか推量《はか》ろうとするとき、わたしたちは祝福から落ちてしまっています。

12月15日

冷たくもなく熱くもない

あなたは、冷たくもなく熱くもない。むしろ、冷たいか熱いか、どちらかであってほしい。

ヨハネの黙示録三章一五節

「冷たい」ということは、つまずいたり行き詰まったりしている状況です。一晩中働いて収穫がなく、網を繕っていたペトロたちのように。

信仰において挫折することはつらいことですが、挫折した人はその場で救い主に出会います。そこで信仰は飛躍します。挫折も失敗もない——つまり闘いのない信仰生活をこそ、わたしたちは恐れなければならないのです。

戸口に

見よ、わたしは戸口に立って、たたいている。

ヨハネの黙示録三章二〇節

神はわたしたちから遠く離れておられる方ではありません。聖なる方は罪人の戸口に立っていてくださるのです。努力せよ、修練せよ、そうすればーーというようなことが言われているのではありません。ただ見すぼらしい戸を開けるだけでいいのです。貧しい部屋は一気に神の救いの光に包まれます。

12月17日

涙

神が彼らの目から涙をことごとく
ぬぐわれるからである。

ヨハネの黙示録七章一七節

だれも、わけがわかって生きているわけではありません。なぜそうなのかと、聞かれても答えることのできない矛盾や不条理を抱えて、歯を食いしばっているのです。この現実の中で清算はできません。

すべての涙を受け止めてくださる方がいるから、生きているのです。夕方、子供が口惜しい涙をこらえて家に帰ってゆくみたいに。

主に結ばれて

今から後、主に結ばれて死ぬ人は幸いである。

ヨハネの黙示録一四章一三節

死が生の総決算であるとすれば、平然と死と向き合える人はいません。だれもが精算できないものを抱え込んでいるからです。ただ罪の贖い主でいますイエス・キリストに結ばれて、人はまっすぐに死を突き抜けることができるのです。

12月19日

祈りと恐れ

ザカリアはそれを見て不安になり、恐怖の念に襲われた。天使は言った。「恐れることはない。ザカリア、あなたの願いは聞き入れられた」。

ルカによる福音書一章一二、一三節

ザカリアの長年の祈りが聞き入れられました。しかし天使の声を聞いたときザカリアは恐れました。だれにも懸案のことがあってそのために祈りを積み重ねています。祈りはなかば習慣になって。

しかし、祈りは溜息ではありません。聞いていてくださる方がおられます。いつか思いがけない時に、思いがけない仕方で応えられます。そのとき祈った者が恐れるのです。

主はそのようにわたしたちを圧倒することによって信仰を新たにしてくださいます。

受容の信仰

マリアは言った。「わたしは主のはしためです。お言葉どおり、この身に成りますように」。

ルカによる福音書一章三八節

人間の歴史上だれひとり経験したことのない経験をマリアはいたします。神の救い主が彼女の胎によって生まれるというのです。どうしてそんなことが信じられるでしょうか。マリアにはとうてい理解できないことでありました。理解できませんでしたが、彼女はこの約束を受容しました。

神の大いなる救いの御わざは、ひとりのおとめの受容の信仰を介してこの世に現されたのです。信仰は納得してわかるということから始まるのではありません。神の約束を受容するのです。やがてわかるようになります。

思いめぐらす

彼がこのことを思いめぐらしていたとき、主の使が夢に現れて言った。

マタイによる福音書一章二〇節（口語訳）

この言葉にマリヤはひどく胸騒ぎがして、このあいさつはなんの事であろうかと、思いめぐらしていた。

ルカによる福音書一章二九節（口語訳）

ヨセフもマリヤも「思いめぐらし」ました。これはただ考えたということではありません。あれこれ思案し、神に問い、そしてまた考え、祈るのであります。そうした中からマリヤもヨセフも神の答えを受け取りました。神の言葉を思いめぐらす者に、神はしるしを見せてくださいます。

力を振るう

主はその腕で力を振るい、……

身分の低い者を高く上げ、……。 ルカによる福音書一章五一、五二節

神は力をふりしぼり、御子を闇の世に送り込み、十字架に見捨てました。そのように、神が全能の腕の力を振るわなければ、罪によって深淵に墜ちたわたしたちを引き上げることはできなかったのです。

神は我々と共に

この名は、「神は我々と共におられる」という意味である。ヨセフは眠りから覚めると、主の天使が命じたとおり、妻を迎え入れ、……。

マタイによる福音書一章二三、二四節

「胎の子は聖霊によって宿った」（二〇節）――マリアにとってもヨセフにとっても、救い主イエスの誕生はなんと厳しい試みであったことでしょう。それは世の人々に説明できない、ただ神の言葉を聞いて信じたがために担わなければならない、計りがたい重荷でありました。世の厳しい目にさらされて救い主イエスを産み、育てなければなりません。

その現実をあえて受け入れて生きていくとき、インマヌエル（神は我々と共におられる）という霊的現実が、マリアとヨセフを中から揺るぎなく支える力になるのです。

導きの星

わたしたちは東方でその方の星を見たので、拝みに来たのです。

マタイによる福音書二章二節

三人の博士の献げ物――黄金、乳香、没薬はそれぞれの出身地を示していると言われています。それぞれ肌の色が違ったという説もあります。三人は旅の途上で出会い、一緒に歩き始めました。彼らが見上げていた導きの星が彼らを出会わせたのです。

共通の高みに目を上げること、それが人間を深く結びつけるのです。わたしたちの出会いは趣味や好みによるものではありません。救い主を仰ぎ拝することにおいて結びつけられているのです。

不安

ヘロデ王はこのことを聞いて不安を感じた。

マタイによる福音書二章三節（口語訳）

救い主の誕生は、二種の人間を照らし出しました。喜ぶ人間と恐れる人間を。富も栄誉も何ひとつもっていない羊飼いたちは喜び、すべてをもっているヘロデ王は恐れました。

握りしめている富が救いの光をさえぎっています。

主の栄光

主の栄光が周りを照らしたので、彼らは非常に恐れた。

ルカによる福音書二章九節

天からの光は闇の中に隠れていた隅々を照らし出しました。その光にさらされて羊飼いたちは恐れたのです。

しかし、彼らをめぐり照らした光は、彼らを打ち倒すものではありませんでした。彼らをそのありのままの貧しさにおいて包む光でありました。

救い主イエス・キリストの光でありました。

人間は救い主の光にさらされて、そして救われるのです。

ささげる

母マリヤのそばにいる幼な子に会い、ひれ伏して拝み、また、宝の箱をあけて、黄金・乳香・没薬などの贈り物をささげた。そして、……帰って行った。

マタイによる福音書二章一一、一二節（口語訳）

三人の博士たちは、自分たちの持っている最も大切なものをささげるために、遠い旅をして救い主のところに来ました。そしてささげたら、安心して帰って行きました。

人の生涯の旅も、そういうものではないかと思います。一番大切なものを、ささげるべき方にささげ切って、初めて安らいで立ち去ることができるのです。

御心に適う人

地には平和、御心に適う人にあれ。　ルカによる福音書二章一四節

天使たちのこの賛美は、羊飼いたちのために歌われました。彼らは人々から忘れられ（数に足らぬ者として）、貧しさのゆえに深夜も仕事をしなければなりませんでした。

その羊飼いたちが神の「御心に適う人」でした。

世から見失われた一隅に、人間の孤独の極限に、神の平和は届いています。

12月29日

星を仰ぎ、夢を見て

ところが、「ヘロデのところへ帰るな」と夢でお告げがあったので、別の道を通って自分たちの国へ帰って行った。

マタイによる福音書二章一二節

学者たちは星を見て旅をしました。夢を見て帰りの道を変えたというのです。危ういといえば、これほど危うい生き方はありません。しかし、彼らは、そうやって目的を果たし、危険を避けて帰って行きました。

足もとばかり見て、神経をとがらせ、いらいらしている人間には大きな旅はできません。大きな旅をし、大きな目標に達するために、目を高く上げて歩むということが大切なことであります。

安らかに去る

主よ、今こそあなたはお言葉どおり
この僕を安らかに去らせてくださいます。
わたしはこの目であなたの救いを見たからです。

ルカによる福音書二章二九、三〇節

信仰の喜びの究極はなんでしょうか。多くの物が与えられるということでしょうか。思いどおりにことが運ぶということでしょうか。そうではありません。人生の総決算として、「安らかに去る」ことができるということであります。

自分の正しさや清さのゆえに、ではありません。罪人のために与えられた救い主イエス・キリストのゆえに、であります。

終わりの時

この終わりの時代には、御子によってわたしたちに語られました。

ヘブライ人への手紙一章二節

たとえば、潮が満ちてくるように、時は満ちてくるものであります。たとえば、木が実をみのらせる時に向かうように、時は熟すのであります。時はのっぺらぼうに流れ、過ぎ去っているのではありません。神の約束の結実に向けて満ちていくのです。

終わりの時代――約束の結実のとき、神は御子イエス・キリストによって（その生涯、十字架と復活によって）、御心のすべてを語ってくださいました。満ち足りた終わりの時の中をわたしたちは生きています。

「これはわたしの愛する子。これに聞け」（マルコによる福音書九章七節）。

あとがき

本書は、これまで出版された「聖句断想」シリーズ五巻より一年三六六日分を選んで編集したものです。

もともとは松山番町教会の週報に記載されていたものでした。信徒のご夫妻がその何年分かを集めて朝の礼拝に用いておられたのが発端になり、教会内で冊子として配布されるようになりました。日ごとの祈りの手引きとしてこういう形で用いていただけることには感慨深いものがあります。日ごとの御言葉がひとりでも多くの方々の信仰の励ましとなり、支えとなることができれば、それ以上の喜びはありません。

数年前からこのことを企画し、全体の構想を考え、周到に断想の一篇一篇を選び出してくださった、教文館の渡部満社長と髙木誠一氏に心から感謝いたします。

二〇一一年　秋

聖句索引

（口）は口語訳聖書を使用している箇所を示す。

旧約聖書

箴言

新約聖書

マタイによる福音書

マルコによる福音書

ルカによる福音書

ヨハネによる福音書

使徒言行録

ローマの信徒への手紙

コリントの信徒への手紙一

扉画一覧

1月　スノードロップ
2月　スイセン
3月　ワビスケツバキ
4月　パンジー
5月　ヤマボウシ
6月　アヤメ
7月　ブルースター
8月　ブラックベリー
9月　クズ
10月　ナデシコ
11月　シュウメイギク
12月　シクラメン

《著者紹介》
小島誠志（おじま・せいし）
1940年生まれ。1958年，日本基督教団須崎教会にて受洗。1966年，東京神学大学大学院修了。高松教会，一宮教会，松山番町教会を経て，現在久万教会牧師。1996―2002年，教団議長（3期）。
著書　『わかりやすい教理』『牧師室の窓から』（日本基督教団出版局），『夜明けの光』（新教出版社），『神の朝に向かって』『愛に根ざして生きる』『神の庭にやすらう』『疲れたものに力を』『わたしを求めて生きよ』『虹の約束』（教文館）ほか。
共著　『きょうを生きる祈り』（日本基督教団出版局），『夜も昼のように』『喜びも，悲しみも』（教文館）。

装丁　桂川潤／カバー写真　森本二太郎／扉画　浅賀愛子

朝の道しるべ――聖句断想366日［新装版］

2015年12月25日　初版発行
2023年1月30日　4版発行

著　者　小島誠志
発行者　渡部　満
発行所　株式会社　教文館
〒104-0061　東京都中央区銀座4-5-1
電話 03(3561)5549　FAX 03(5250)5107
URL　http://www.kyobunkwan.co.jp/publishing/

印刷所　モリモト印刷株式会社

配給元　日キ販　〒162-0814　東京都新宿区新小川町9-1
電話 03(3260)5670　FAX 03(3260)5637

ISBN978-4-7642-0035-7　Printed in Japan